LA IGLESIA VISIGODA
DE EL REBOLLAR (EL BOALO)

UN CENTRO DE CULTO MILENARIO
EN LA SIERRA MADRILEÑA

MUSEO ARQUEOLÓGICO
DE LA COMUNIDAD

La iglesia visigoda de El Rebollar (El Boalo)

Un centro de culto milenario en la sierra madrileña

MUSEO ARQUEOLÓGICO Y PALEONTOLÓGICO DE LA COMUNIDAD DE MADRID

Alcalá de Henares

2024

EXPOSICIÓN

COMISARIOS
Javier Salido Domínguez
Rosario Gómez Osuna

COORDINACIÓN
Elena Carrión Santafé

DISEÑO MUSEOGRÁFICO
Silvia Sánchez
gaSSz arquitectos

CATÁLOGO

COORDINACIÓN
Elena Carrión Santafé
Jorge Gómez González

DISEÑO DE LA COLECCIÓN
Luis Palop Fernández

MAQUETACIÓN Y PREIMPRESIÓN
Barraquete Diseño y Comunicación

IMAGEN DE CUBIERTA Y GUARDAS
Diego Rodríguez-Robredo

IMPRESIÓN Y ENCUADERNACIÓN
B.O.C.M

ISBN: 978-84-451-4122-9
DEPÓSITO LEGAL: M-9252-2024

El Museo Arqueológico y Paleontológico de la Comunidad de Madrid nos ofrece una nueva exposición de la serie *El Presente de la Arqueología Madrileña*, otra de las muestras temporales de pequeño formato que nos ilustran sobre distintas novedades de la investigación arqueológica y paleontológica de la región de Madrid.

Estas exposiciones, en las que se conjugan con acierto la divulgación y el rigor científico, constituyen ya una seña de identidad del Museo, desde aquella primera edición de 2014 donde se nos presentaba una nueva especie de ciervo pleistoceno, *Haploidoceros mediterraneus*. Numerosos yacimientos repartidos por toda la región (Getafe, Cubas de la Sagra, Madrid capital, y ahora, El Boalo) han ido completando el mapa de nuestro conocimiento.

Ahora se nos ofrece un nuevo tema, muy original: la evolución arqueológica de la iglesia de El Rebollar, un espacio rural que se mantuvo en funcionamiento como centro de culto desde época visigoda hasta el siglo XVII. De forma atractiva y visual, ante nuestros ojos transcurren más de diez siglos de una pequeña comunidad que habitó la sierra madrileña. Nos asomaremos brevemente a los modos de vida y la cultura material que acompañaron a aquellas gentes, pero también a los sentimientos y creencias de los hombres y mujeres que frecuentaron este núcleo rural durante más de mil años.

De forma excepcional, esta exposición nos vincula al pasado de nuestro territorio y a las generaciones que nos precedieron. Conscientes de que uno de los grandes mandatos que tenemos las instituciones encargadas de la protección del patrimonio histórico es facilitar su visibilidad social, desde la Comunidad de Madrid apoyamos estas exposiciones y las publicaciones que, como esta, mantienen una elevada exigencia de calidad científica a pesar de estar diseñadas, sobre todo, para el gran público.

En coherencia con ese planteamiento, las excavaciones en El Rebollar, desarrolladas por un equipo dirigido por Javier Salido Domínguez y Rosario Gómez Osuna, han sido financiadas por el Ejecutivo regional. Quiero agradecer su contribución a instituciones como la Universidad Autónoma de Madrid y el Ayuntamiento de El Boalo, Cerceda y Mataelpino que, en su compromiso con la investigación y la actividad arqueológica madrileña, también han colaborado exitosamente con el Museo Arqueológico y Paleontológico de la Comunidad de Madrid para ofrecerles esta nueva mirada, directa y rigurosa, al pasado de nuestra región.

Mariano de Paco Serrano
Consejero de Cultura, Turismo y Deporte de la Comunidad de Madrid

Desde que en el año 2014 el Museo Arqueológico y Paleontológico inició el proyecto de *El presente de la Arqueología Madrileña*, han pasado por esta vitrina ciervos pleistocenos, bifaces africanos, cabañas de la Edad del Hierro, ocultaciones romanas o muestras singulares de epigrafía andalusí. Se trata de exposiciones temporales de pequeño formato que nos presentan novedades relevantes de la actividad arqueopaleontológica en nuestra región.

El compromiso del Museo con la investigación, a lo largo de los años, ha cristalizado en distintos niveles de actividad pública. Desde las presentaciones de resultados científicos en foros internacionales y publicaciones de impacto, a estas iniciativas dirigidas a un público más amplio, aproximando al ciudadano al patrimonio más cercano, el de su territorio inmediato, el de sus pueblos y sus barrios.

Con esta nueva exposición, de vocación profundamente didáctica, les animamos a detenerse un momento ante una historia que comienza en los albores de la Edad Media, en la sierra de Madrid, y termina, tan solo, hace unas pocas generaciones atrás. La investigación arqueológica en el yacimiento de El Rebollar, dirigida por Javier Salido Domínguez y Rosario Gómez Osuna, nos ha permitido conocer la evolución a lo largo de más de diez siglos de un edificio religioso fundado en época visigoda, integrando su entorno arqueológico, económico y social. Esta exposición y este libro nos hablan del edificio, pero sobre todo de las gentes que lo construyeron, lo frecuentaron y fueron sepultadas en él.

Las dataciones absolutas han fechado con total precisión el primer momento de uso de este espacio, que se sitúa hacia la segunda mitad del siglo VII d. C. Se define así una ocupación que parece relacionarse con otros yacimientos de la sierra madrileña: pequeñas fundaciones religiosas de época visigoda que se reutilizan más tarde, en plena Edad Media, tras un hiato de abandono. En nuestra sierra se han ido conociendo en los últimos años otros pequeños núcleos con características similares: Valcamino (El Berrueco), San Babilés (Boadilla del Monte) o Remedios (Colmenar Viejo), junto a aldeas como La Cabilda (Hoyo de Manzanares) o Navalvillar y Navalahija (Colmenar Viejo). Todo ello permite perfilar para la Cuenca Alta del Manzanares un escenario de ocupación compleja a partir del siglo VI d. C., con asentamientos jerarquizados en distintas modalidades constructivas y funcionales.

La pequeña exposición se completa con otros elementos arqueológicos entre los que destacamos unas piezas singulares, recientemente incorporadas el Museo: cinco dírhams de plata de época emiral (810-818 d.C). Estas extraordinarias monedas, de enorme valor documental, completan nuestro conocimiento de la escasa numismática andalusí de primera época en la región de Madrid, constituyendo además el conjunto localizado más al norte de cuantos fueron acuñados durante el mandato cordobés de al-Hakam I.

Sorprendentemente, el espacio sagrado de El Rebollar permaneció en la memoria de las gentes. Y tras un abandono de cinco siglos, a finales del siglo XIV el edificio es reconstruido y modificado (convertido ya en ermita), recuperándose el culto. Allí serán enterrados, entonces, varios niños de muy corta edad. Las llamadas "frecuentaciones" del yacimiento cierran el ciclo de uso de este espacio y nos aportan un reducido lote de objetos cotidianos (cacharros, utensilios, botones, ...), que, a pesar de su sencillez, nos cuentan también pequeñas historias. En conjunto, más de un milenio del pasado de Madrid, desde el apasionante fin de la Antigüedad hasta el convulso siglo XIX.

No podemos dejar de agradecer a los comisarios de la muestra, tanto como a todos los colaboradores en la investigación y en el catálogo, su trabajo y dedicación para que este proyecto saliera adelante. En nombre de todo el equipo del Museo Arqueológico y Paleontológico de la Comunidad de Madrid, les deseamos que, como en anteriores ediciones, nos acompañen y disfruten de esta experiencia.

Elena Carrión Santafé
Servicio de Conservación e Investigación, MARPA

Presentación

La exposición "Un centro de culto milenario en la sierra madrileña: La iglesia visigoda de El Rebollar (El Boalo, Madrid)" ha permitido dar a conocer a la sociedad el trabajo desarrollado en un yacimiento arqueológico madrileño por parte de un nutrido grupo de investigadores encaminados a conocer la historia de un espacio único de culto de la sierra de Guadarrama.

Las campañas de excavación arqueológica realizadas desde el año 2018 en el yacimiento de El Rebollar en El Boalo (Madrid), financiadas e impulsadas por el Ayuntamiento de El Boalo, Cerceda y Mataelpino (en adelante BOCEMA), la Dirección General de Patrimonio Cultural de la Comunidad de Madrid y la Universidad Autónoma de Madrid, bajo la dirección de quienes refrendamos estas letras, Javier Salido Domínguez (Departamento de Prehistoria y Arqueología, UAM) y Rosario Gómez Osuna (Equipo A de Arqueología), además de Elvira García Aragón como arqueóloga de la excavación, nos permitió localizar una iglesia rural singular en la Sierra de Guadarrama. Hasta el momento se han localizado cuatro edificios: la iglesia visigoda y otras tres construcciones parcialmente excavadas y aún en proceso de estudio. El cerrillo de El Rebollar contiene, además, numerosas tumbas que corresponden a sarcófagos de granito y también tumbas de cista, es decir, formadas por una caja de lajas colocadas alrededor de la fosa con una o varias losas coberteras encima.

En los trabajos de campo, gabinete y laboratorio se aplica un análisis multidisciplinar, según el cual, profesionales de diferente formación y especialidad aplican su conocimiento para ofrecer una lectura histórico-arqueológica coherente con los datos obtenidos en la excavación. En El Rebollar trabajan, además del equipo de arqueólogos (UAM y Equipo A de Arqueología), el Laboratorio de Poblaciones del Pasado (LAPP-UAM), el Dpto. de Geoquímica y Geología, el Laboratorio de Arqueozoología (LAZ-UAM) y para su restauración y conservación el SECYR-UAM. Además de estos equipos participan investigadores de otros centros de investigación nacionales e internacionales, así como profesionales independientes. En 2023 la Fundación PALARQ ha financiado un proyecto dirigido por Javier Salido Domínguez (UAM) y Sara Palomo (UCM) destinado a analizar el ADN de cinco individuos. Los resultados se han presentado, además, a la comunidad científica internacional mediante el *OPEN LAB Heritage for all* realizado en el marco europeo CIVIS de la UAM, dirigido por Javier Salido, galardonado con el premio Ciencia en Español 2023 a la mejor iniciativa de divulgación científica de la Comunidad de Madrid.

A través de este libro nos proponemos ofrecer una lectura histórico-arqueológica de la iglesia que fue construida en época visigoda durante la segunda mitad del siglo VII d. C. El edificio de culto visigodo está constituido por una nave rectangular rematada al este en una cabecera de planta cuadrangular. Los ajuares y el C-14 de muestras de hueso de los enterrados confirman su datación en la segunda mitad del siglo VII, momento álgido de construcción y uso funerario.

Después de un abandono de cinco siglos, se reconstruye la iglesia en época bajomedieval, entre finales del siglo XIV e inicios del XV (Fase 2). En este periodo vuelve a recuperar su función como lugar de culto. En la zona central de la nave y por delante de la cabecera, se procede al enterramiento de nueve bebés, de los cuales dos sujetaban monedas en sus manos. Corresponden a una blanca del reinado de Enrique III y otra de Juan II, acuñada posiblemente entre 1442 y 1454, lo que nos permiten plantear que estos perinatales fueron enterrados a partir de mediados del siglo XV. A lo largo del siglo XVI (Fase 3) se realiza una reforma importante que afecta a los suelos, lo que indica el interés por mantener vivo el culto. Los materiales asociados a los niveles de derrumbe indican que se abandona definitivamente en el siglo XVII.

Esta muestra contribuye así a difundir y hacer comprender mejor el paisaje histórico a partir del análisis detenido de las técnicas constructivas de la iglesia, los artefactos (cerámica, numismática, utillaje, etc.) y los ecofactos (fauna, etc.) para aproximarnos a un centro de culto que jugó un papel fundamental en la vida religiosa del territorio tanto en época tardoantigua como bajomedieval y moderna.

Agradecimientos

No nos gustaría finalizar esta presentación sin destacar el trabajo del personal del Museo Arqueológico y Paleontológico Regional de la Comunidad de Madrid por difundir el patrimonio histórico y arqueológico de nuestra región y, en concreto, de un yacimiento que está deparando notables sorpresas en cada campaña de excavación como El Rebollar. También queremos agradecer a la Dirección General de Patrimonio de la Comunidad de Madrid, al Ayuntamiento de BOCEMA y a la Universidad Autónoma de Madrid por financiar e impulsar las excavaciones arqueológicas en El Rebollar. La financiación ha supuesto una base fundamental para que se sumaran al proyecto los diferentes grupos de investigación y profesionales al servicio del estudio del yacimiento, a quienes agradecemos su esfuerzo y trabajo. A este apoyo debemos sumar la financiación aportada por la Fundación PALARQ destinada al estudio de ADN de cinco individuos del yacimiento. Y, por supuesto, queremos destacar el trabajo de difusión a nivel internacional de CIVIS, la alianza europea de la que forma parte la Universidad Autónoma de Madrid, a través del *OPEN LAB Heritage for all*, dirigido por Javier Salido Domínguez.

Queremos también reconocer la importancia del asesoramiento científico de la profesora Carmen Fernández Ochoa, catedrática emérita del Departamento de Prehistoria y Arqueología de la UAM, a quien queremos agradecer públicamente sus consejos prácticos que permiten continuar de manera exitosa el proyecto de excavación y su difusión.

Para finalizar, nos gustaría destacar que las campañas de excavación de El Rebollar se han realizado siguiendo las propuestas de la denominada «Arqueología de público» o «Arqueología en comunidad». Por ello, agradecemos a todos los voluntarios que han colaborado y participado en las excavaciones su estrecha colaboración, interés y seguimiento del proyecto y su generosidad.

Javier Salido Domínguez y Rosario Gómez Osuna
Departamento de Prehistoria y Arqueología. Universidad Autónoma de Madrid
Arqueóloga. Equipo A de Arqueología

ÍNDICE

LA HISTORIA DEL YACIMIENTO

JAVIER SALIDO DOMÍNGUEZ*,
ROSARIO GÓMEZ OSUNA**

* Departamento de Prehistoria y Arqueología. Universidad Autónoma de Madrid
** Arqueóloga. Equipo A de Arqueología

Las primeras noticias del yacimiento de El Rebollar se remontan a 1953 (fig. 1), momento en que el propietario del terreno denominado "Peña Sacra", D. Carlos de Miguel localiza una tumba, en cuyo interior se encontraba un olpe (fig. 2), de boca trilobulada, panzudo y asa vertical, realizado a mano, pasta rojiza y con mucha mica, completo y cubierto de una fuerte capa de barro, así como algunos restos óseos. Estos hallazgos fueron entregados al propietario del terreno quien realizó diversas gestiones en diferentes ocasiones para que se realizara un estudio de los hallazgos.

El día 3 de julio de 1967, la Dirección General de Bellas Artes presenta la orden de realizar un informe del hallazgo donde se constató la existencia de tres tumbas totalmente destruidas que, según la descripción, corresponden a tumbas de cistas, formadas por paredes verticales de granito, formando un rectángulo con tendencia trapezoidal (fig. 3). Estas tumbas, orientadas de este a oeste, estaban tapadas con una cubierta de granito y ocupaban la ladera este del suave montículo. Las conclusiones del informe ya anunciaban la adscripción visigoda de la necrópolis localizada.

La actuación arqueológica parcial de 1998, dirigida por el profesor Lauro Olmo y Manuel Castro, delimitó mediante sondeos mecánicos y manuales la zona que debía conservarse para su futuro estudio y confirmó su cronología altomedieval (fig. 4). Localizaron ocho tumbas, no todas excavadas, y concluyeron que, a pesar de la ausencia de materiales, la necrópolis podría catalogarse como altomedieval o de época visigoda (fig. 5). Ocupaban la loma norte de la finca, no apareciendo en la pendiente o zonas bajas y las tumbas tenían diferente orientación y factura y estaban próximas entre sí . Indican también la localización de restos de muros que informarían de la existencia de algo más que una necrópolis y en la meseta suroccidental podría haber un edificio. Entre los materiales localizados, destacan la localización de una basa de un *spateion* de pequeñas dimensiones. La memoria de Olmo y Castro señala solamente el hallazgo de restos óseos en una tumba (n.º 3).

HISTORIA DE LAS INVESTIGACIONES

1953 — Escuela de Formación Profesional de Restauración del Casón del Buen Retiro

1967 — Dirección General de Bellas Artes

1998 — Actuación arqueológica Prof. Olmo y Castro

2013 — Prospección superficial Equipo A de Arqueología

2018-2021 — Excavaciones arqueológicas sistemáticas UAM-Equipo A de Arqueología

2020-actualidad — Proyectos Transferencia UAM Convenios Ayuntamiento-UAM

ANTECEDENTES

EXCAVACIONES ARQUEOLÓGICAS SISTEMÁTICAS

Figura 1. Cuadro sinóptico de la historiografía del yacimiento de El Rebollar (El Boalo, Madrid). Autores: Salido Domínguez, Gómez Osuna y García Aragón (Equipo Arqueológico de El Rebollar). Digitalización: Salido Domínguez.

A partir de esta información, el yacimiento de El Rebollar en El Boalo se plantea como una necrópolis altomedieval que podría formar parte de la red de asentamientos de tipo aldeano, como los yacimientos localizados en Navalvillar y Navalahija y la necrópolis de Remedios, en Colmenar Viejo, El Cancho del Confesionario, en Manzanares El Real y la aldea y necrópolis de La Cabilda, en Hoyo de Manzanares, que evidencian un modelo de gestión del espacio que complementa la actividad agropecuaria con actividades artesanales como la minería y la cantería.

Respecto al mundo funerario y religioso, directamente relacionado con la actuación arqueológica realizada, destacan las excavaciones arqueológicas practicadas en la necrópolis de Remedios, desarrolladas durante cinco campañas entre 1999 y 2009. Los resultados finales concluyen en la selección de este lugar como posible centro cultual de las primeras comunidades rurales cristianas en el centro de la actual comunidad madrileña, estableciéndose un amplio lapso cronológico que transcurre prácticamente desde época visigoda hasta la actualidad. La tipología de sepulturas es muy similar a la documentada en El Rebollar, como ya señalan Castro y Olmo. En la Sierra de Madrid se han localizado también enterramientos similares a los documentados en El Rebollar en diferentes espacios funerarios no asociados a centros de culto, pero también en el interior de iglesias tardoantiguas como la de Valcamino en El Berrueco y la del cerro de San Babilés en Boadilla del Monte.

A raíz de la prospección arqueológica realizada por la Asociación Cultural Equipo A de Arqueología en el año 2012, para levantar los planos de los restos de asentamientos y necrópolis de época tardoantigua y medieval de la Cuenca Alta del Manzanares, se realizó una nueva visita al yacimiento de El Rebollar por estar encuadrado en esa cronología. Fue uno de los yacimientos de la localidad estudiados, junto con los enterramientos de Sierra Bonita y la necrópolis de El Alcorejo. En esa ocasión se realizó un trabajo de revisión de los restos visibles y del estado de la zona de reserva que quedó establecida tras la finalización de la actuación de 1998,

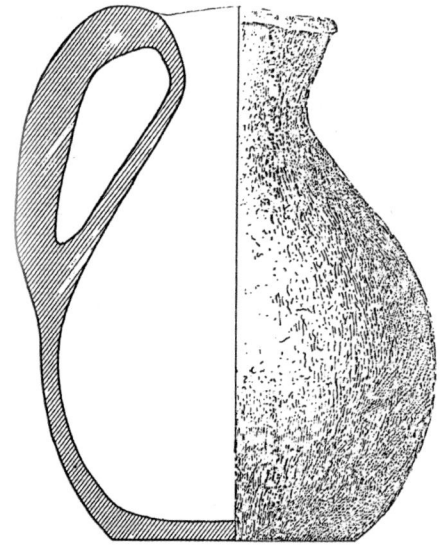

Figura 2. Olpe localizada en el interior de una tumba. Fuente: Viñas, 1967: lámina 2.

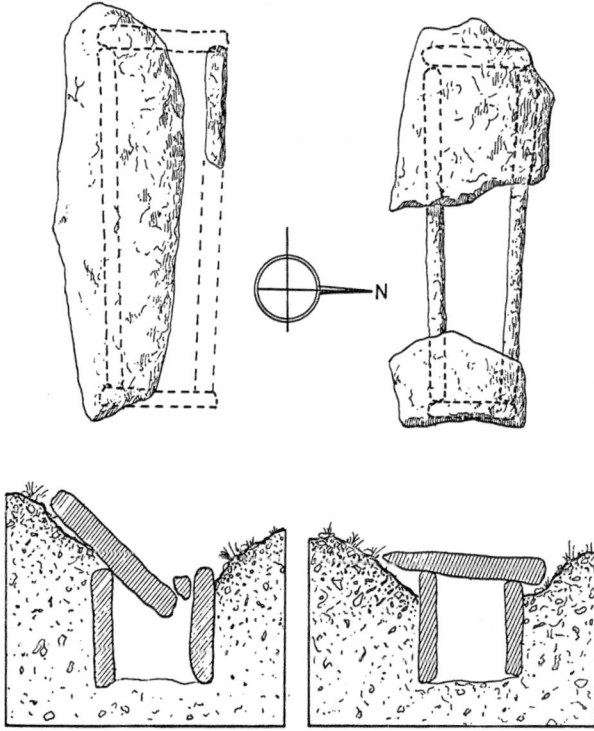

Figura 3. Planta y sección de las tumbas documentadas en 1967. Fuente: Viñas, 1967: lámina 3.

Figura 4. Planta y dibujo de las losas coberteras documentadas en 1967. Fuente: Castro y Olmo, 1998.

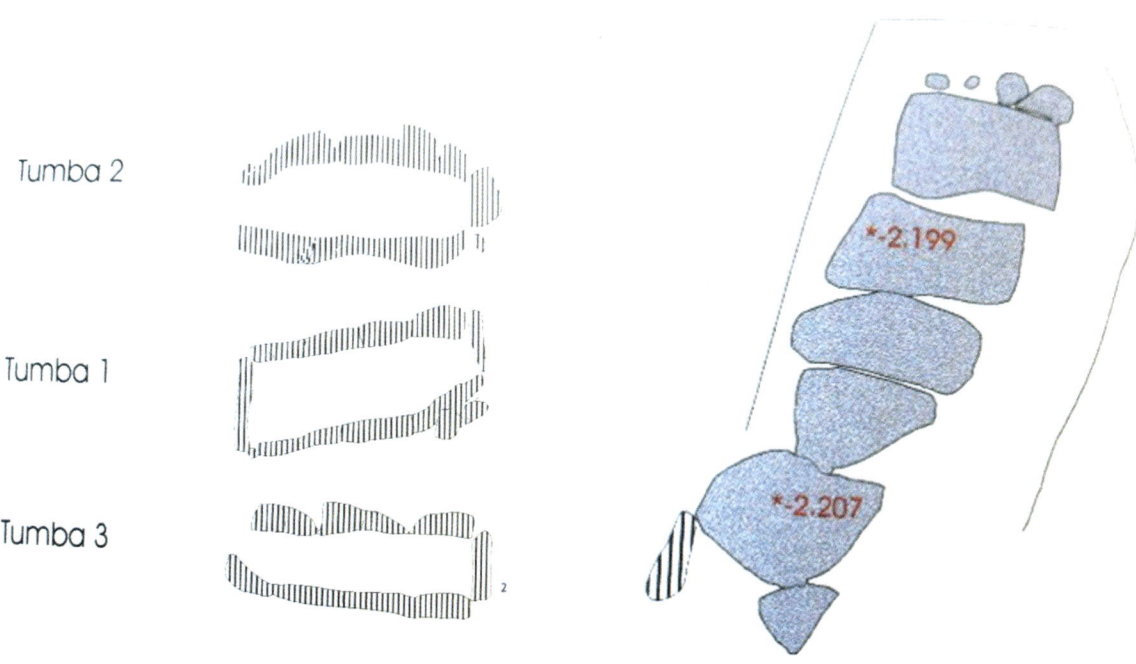

Figura 5. Planta de algunas tumbas localizadas durante la actuación arqueológica de Castro y Olmo (1998). Fuente: Castro y Olmo, 1998.

que quedó como zona verde dentro de la urbanización. La parcela se había utilizado también como depósito de diferentes elementos pétreos como unos fragmentos de piedras de moler. Se documentaron once posibles sepulturas de cista. También un sarcófago tallado en un bloque de granito de 210 x 63 x 45 cm que presenta una sepultura antropomorfa.

Las cistas excavadas tienen en las cercanías las losas coberteras. Se planteó que la posible estructura documentada (E-13) pudiera corresponder con la ermita que, bajo la advocación de Nuestra Señora del Saccdal, pudo estar asociada a la necrópolis. Los resultados de esta prospección motivaron la presentación de una propuesta de excavación en el yacimiento por parte del Equipo A de Arqueología en el Ayuntamiento de El Boalo, Cerceda y Mataelpino que respondió de manera positiva sobre la realización de una actuación arqueológica participativa en el yacimiento. Posteriormente, se mantuvo una reunión en la Dirección General de Patrimonio

Cultural de la Comunidad de Madrid, el 31 de octubre de 2017, para presentar la propuesta. Discutidas y valoradas las ideas y requerimientos por todas las partes, la Dirección General de Patrimonio Cultural decidió apoyar el proyecto con el establecimiento de unas fases que permitieran concretar mejor los objetivos y procedimientos de la presente y futuras actuaciones arqueológicas. También se valoraron las necesarias garantías de conservación de los restos y de su mantenimiento futuro.

La primera fase conllevó la realización del desbroce de la finca, la retirada del mobiliario urbano existente y de los acopios de elementos líticos y un estudio geofísico con georradar a cargo del Centro de Asistencia a la Investigación (CAI) de la Universidad Complutense de Madrid. Las estructuras documentadas a partir de esta prospección llevaron a la necesidad de acometer la segunda fase del proyecto que comprendiera la intervención arqueológica en el yacimiento. En esta fase se sumó al proyecto, a iniciativa de la Dirección General de Patrimonio Cultural de la Comunidad de Madrid, la participación de la Universidad Autónoma de Madrid (UAM), que, además de la codirección científica de la excavación arqueológica, ha permitido supervisar las diferentes analíticas sobre los restos recuperados, con especial atención a los estudios paleobiológicos, antropológicos, y a otras investigaciones de la caracterización geológica del yacimiento, así como los trabajos de conservación y restauración de los materiales arqueológicos y del yacimiento. Se constituyó así un equipo de trabajo de gran solvencia científica, multidisciplinar, y comprometido con la investigación, protección y conservación del patrimonio arqueológico madrileño, que ha tenido en el yacimiento de El Rebollar su ámbito de actuación.

A partir de 2018 se han llevado a cabo excavaciones sistemáticas anuales financiadas por el Ayuntamiento de BOCEMA en colaboración con la Universidad Autónoma de Madrid mediante la firma de convenios anuales en el marco de los programas de Transferencia del Conocimiento impulsados por la UAM, bajo la dirección del profesor Dr. Javier Salido Domínguez (fig. 6). Estos proyectos han permitido avanzar en los análisis y estudios del yacimiento, además de sumar los diferentes grupos de investigación que participan en los trabajos, estudios y análisis del yacimiento.

El Área de Protección de la Dirección General de Patrimonio Cultural de la Comunidad de Madrid ha financiado los trabajos antropológicos y las analíticas y trabajos de conservación y restauración, además de impulsar el proyecto y gestionar la construcción de un Centro de Interpretación del yacimiento.

Desde 2018 las excavaciones arqueológicas han sido dirigidas por el Dr. Javier Salido Domínguez, profesor de Arqueología de la Universidad Autónoma de Madrid y Rosario Gómez Osuna, del Equipo A de Arqueología. El proyecto se ha visto notablemente enriquecido bajo el asesoramiento científico de la Dra. Carmen Fernández Ochoa, catedrática emérita de Arqueología de la Universidad Autónoma de Madrid. Las excavaciones arqueológicas están también realizadas por la arqueóloga Elvira García Aragón (Equipo A de Arqueología).

Las prospecciones geofísicas han sido llevadas a cabo desde el CAI de la UCM bajo la dirección de Javier Vallés e Irene Ortiz.

Desde la campaña de 2019 los análisis antropológicos han sido dirigidos por los profesores Dr. Armando González y Dr. Oscar Cambra, del Laboratorio de Poblaciones del Pasado (LAPP) de la Facultad de Biología de la UAM. Estos estudios han permitido la realización de la tesis doctoral "Muerte y mortalidad perinatal en las poblaciones del pasado. Cambio morfológico e histológico en el desarrollo temprano del esqueleto humano: cuando la estimación de la edad es igual a cero", de la Dra. María Molina, leída el 10 de diciembre de 2021 en la Facultad de Biología de la UAM.

Los trabajos de conservación y restauración han sido realizados por el Servicio de Conservación, Restauración y Estudios Científicos del Patrimonio Arqueológico (SECYR) de la UAM por parte de la Dra. María Cruz Medina, Bárbara Martín, Patricia de la Calle, Inmaculada Dotes y Manuel Domínguez, bajo la dirección del Dr. Joaquín Barrio Martín, catedrático de Arqueología y director del SECYR.

En 2020 se sumó también al proyecto el profesor Dr. Miguel Gómez Heras, del departamento de Geología de la Facultad de Ciencias de la UAM, que ha coordinado los trabajos encaminados al análisis geológico del yacimiento y de los materiales constructivos. Previamente en la campaña de 2019 habíamos recibido la visita con gran interés de los geólogos Manuel Segura (UAH) y Félix Bellido (IGME) que nos informaron sobre los primeros datos geológicos que obtuvimos del yacimiento.

El estudio de la fauna se encomendó en el año 2021 al Dr. Arturo Morales, catedrático de Zoología y director del Laboratorio de Arqueozoología en el Departamento de Biología de la UAM, que ha permitido la lectura de un TFG bajo su dirección por parte de Paula Muñoz y el trabajo detallado de Raquel Dotes.

El estudio cerámico se encomendó en la campaña de 2020 a Inés Centeno Cea, de IMC2 Arqueología y el estudio detallado de la botella de doble asa a Lidia Vargas (UAM) que ha realizado su TFG sobre

Figura 6. Fotografía aérea del área intervenida hasta 2021 en el yacimiento arqueológico. Autores: Salido Domínguez, Gómez Osuna y García Aragón (Equipo Arqueológico de El Rebollar) / Global Arqueología.

esta pieza bajo la dirección de Dr. Javier Salido Domínguez.

Las monedas han sido analizadas por Rubén Lot García Lerga (UCM) que está realizando su tesis doctoral sobre las monedas del periodo emiral en el centro peninsular.

Finalmente, los anillos han sido objeto de estudio por parte de Dr. Michel Feugère, del Laboratoire ArAr. Archéologie et Archéométrie, Maison de l'Orient et de la Méditerranée.

Desde 2022, gracias a la financiación aportada por la Fundación PALARQ, se ha incorporado la profe-

sora Dra. Sara Palomo Díez, de la Facultad de Medicina de la UCM en el marco del Proyecto "ADN antiguo en el yacimiento arqueológico de El Rebollar: Estudio de relaciones de parentesco y perfiles genéticos (El Boalo, Madrid)", cuyos investigadores principales son Dr. Javier Salido Domínguez y Dra. Sara Palomo Díez. A estos grupos y equipos de investigación que han trabajado directamente con los materiales debemos sumar a los especialistas en fuentes documentales de archivo que aportan el contexto histórico de cada fase de la iglesia, análisis incluidos en esta monografía.

LA PRIMERA OCUPACIÓN:
LA CONSTRUCCIÓN
DE UNA IGLESIA VISIGODA
EN EL BOALO

EL REINO VISIGODO: IMPLANTACIÓN TERRITORIAL EN EL CENTRO PENINSULAR

JAVIER SALIDO DOMÍNGUEZ*,
ROSARIO GÓMEZ OSUNA**

La inestabilidad del siglo IV y comienzos del siglo V d. C.

La sociedad de inicios del siglo IV d. C. difícilmente podría imaginar que la ligera recuperación económica que se estaba viviendo desde último tercio del siglo III d. C. finalizaría con la desestructuración de las instituciones y de la administración imperial. En este periodo se produjo el abandono o transformación de las ciudades y sus escenarios de representación, con el descenso de la circulación de bienes, limitada a mercados locales y la crisis de los valores religiosos paganos, vigentes durante los primeros siglos del Imperio, debido al triunfo del Cristianismo.

Los testimonios escritos aportados por eclesiásticos hispanos Orosio (*c.* 375-420), Hidacio (*c.* 395-469) y Fronto (*c.* 420) insisten sobre el sentimiento de inestabilidad con la narración de prodigios y hechos que rodean un periodo convulso. Es la época de la llegada de los pueblos bárbaros. El gélido día 31 de diciembre del 406, aprovechando que se habían congelado las aguas del río, contingentes de vándalos, suevos, alanos y burgundios atravesaron el Rin a la altura de Maguncia, pe-netrando en la *Gallia* y derrotando a los francos que defendían el debilitado *limes* o frontera del Imperio Romano. Apenas dos años después, en el 409 d. C. se encontraban en la península Ibérica. Los suevos y vándalos asdingos se asentaron en la *Gallaecia*, los alanos en la Lusitania y Cartaginense y los vándalos silingos en la Bética. La Tarraconense se mantuvo hasta mediados de la quinta centuria bajo control romano. A diferencia de lo que se ha planteado tradicionalmente, la entrada de estas poblaciones no corresponde a invasiones destructoras que acaban con las anteriores estructuras sociopolíticas del Imperio. Esta imagen ha sido creada y recreada por los autores clásicos hasta la actualidad, como resultado de una interpretación, que respondía a los intereses geoestratégicos de Roma en su gestión de la frontera renano-danubiana. No debemos olvidar que los bárbaros entraron en la península Ibérica mediante pactos o *foedus* establecidos con gobernantes que pedían su ayuda. Este fenómeno fue definido por Javier Arce como "paso consentido".

En esta fase tan convulsa, el declive de la ciudad clásica en los siglos IV y V d. C. se inscribe, por tanto, en el marco de una crisis mucho más amplia que afectó

* Departamento de Prehistoria y Arqueología. Universidad Autónoma de Madrid.
** Arqueóloga. Equipo A de Arqueología.

en general a todas las estructuras del Imperio. Esta recesión se manifestó en el desmoronamiento de las expresiones más destacadas del fenómeno urbano altoimperial, que supuso una reducción del anterior perímetro urbano, el abandono total o parcial de los centros cívicos y monumentales, la amortización de edificios públicos con estructuras productivas, funerarias o habitacionales de carácter privado, etc., que preludian el final del mundo clásico. La región madrileña no quedó al margen de este proceso de desestructuración de las ciudades altoimperiales. El municipio de *Complutum* sufrió durante el siglo V d. C. un saqueo y un expolio sistemático de materiales constructivos, al tiempo que el foco de población se orientaba al lugar de enterramiento de los niños mártires cristianos santos Justo y Pastor en sintonía con el nuevo orden religioso. En este momento se reocupan los espacios residenciales de antiguas *villae* por pequeñas comunidades que no dudan en horadar mosaicos para levantar cabañas, hogares, despensas y establos, como se ha podido comprobar en los restos de la antigua *villa* romana de El Val (Alcalá de Henares).

Es en estos tiempos convulsos cuando se produce un fenómeno paralelo que comporta el movimiento de la población a lugares fortificados situados en altura que, desde mediados del siglo V d. C., constituyen centros políticos locales, denominados en las fuentes clásicas como *castra* y *castella*. En este contexto, se reocuparon algunos viejos poblados como el Pontón de la Oliva (Patones), con una posición dominante sobre el río Jarama, al tiempo que se pueblan otros como el cerro de Cabeza Gorda (Carabaña), con dominio visual sobre el valle del Tajuña.

Las disputas dinásticas entre Honorio y Constantino III que mermaron el poder imperial en Hispania, la llegada o el "paso consentido" por los Pirineos de los pueblos suevos, vándalos y alanos a la Península Ibérica en el 409 d. C. y el constante traslado de fuerzas armadas de distintos bandos desembocó en las revueltas sociales bagaudas de mediados del siglo V d. C. Estos conflictos sociales y de lucha por el poder agravaron la situación de ruptura de la paz social que no había conocido parangón hasta el momento, desempeñando posiblemente un importante papel en la desintegración del Imperio romano.

Esta percepción de inestabilidad, presente en la sociedad del momento, está perfectamente reflejada en la arqueología madrileña. A finales del siglo IV y a lo largo del V d. C. en diversos asentamientos de la Comunidad de Madrid se procedió a la ocultación de objetos valiosos y cotidianos con la idea de recuperarlos en el futuro. Se han localizado ocultamientos en instalaciones artesanales o de explotación agraria como el yacimiento de la calle Sur de Getafe, en Camino de Santa Juana (Cubas de la Sagra) (figs. 1 y 2), Loranca (Fuenlabrada) y El Rasillo (Barajas). Este fenómeno no es exclusivo del territorio madrileño, pues se han constatado en diversos puntos de la meseta castellana. Se trata de atesoramientos intencionados de objetos utilitarios y otros de gran valor económico. Predominan, en ocasiones, piezas especiales de prestigio social que no pudieron ser recuperados por sus dueños, quedando relegados al olvido. El mero hecho de ocultar objetos de valor ofrece una imagen de inseguridad e incertidumbre durante este periodo que nos acerca al estado psicológico de poblaciones que se vieron, en cierto modo, obligadas a ocultar aquellos enseres más valorados de su ajuar doméstico. Además de menaje propio de banquetes, también se escondieron herramientas agrícolas y otros objetos cotidianos que se pretendían recuperar en tiempos de mayor estabilidad. Es el caso del ocultamiento de la calle sur de Getafe donde se preservaban herramientas y objetos de bronce y hierro. El depósito de El Rasillo (Barajas) podría corresponder a objetos metálicos que iban a ser reciclados, pero por motivos desconocidos, no fueron recogidos después por sus propietarios. Aunque no se han documentado por el momento, no sería de extrañar que se escondieran también tejidos u objetos de hueso o madera que, por su carácter perecedero, no han dejado huella en el registro arqueológico.

La llegada de los visigodos

Como hemos indicado anteriormente, entre el año 376 y el 409 (en la península itálica el año 568), Europa fue un territorio sometido a un continuo e intenso movi-

Figura 1. Excepcional ocultación de Camino de Santa Juana (Cubas de la Sagra, Madrid). Fuente: Sanguino, Oñate y Juan Tovar 2011: fig. 3.

Figura 2. Reconstrucción de ocultación en época bajoimperial. Fuente: Fernández Ochoa, Zarzalejos Prieto y Salido Domínguez 2022.

miento migratorio, denominado en la bibliografía como la "época de las grandes migraciones" que culminaría con el origen y la consolidación de los "Reinos germánicos": francos en la Gallia, ostrogodos en Italia, suevos en la Gallaecia, vándalos en el norte de África y visigodos en la meseta central castellana.

En este contexto nos debemos preguntar dónde se encontraban los visigodos durante el paso por los Pirineos de los pueblos bárbaros a comienzos del siglo V d. C. Huyendo de la presión de los Hunos, una confederación de pueblos nómadas formada por parte de varios grupos étnicos procedentes del área esteparia del Asia Central, los visigodos se asentaron en el Impe-

rio mediante un acuerdo firmado con el emperador Valente (364-378 d. C.). Fallecido el emperador Teodosio (*c.* 395 d. C.), se sintieron libres de romper el pacto y marcharon en dirección a Italia con el objetivo de establecerse en el norte de África. La imposibilidad de cruzar el Mediterráneo les obligó a permanecer en la Galia en calidad de federados del Imperio.

La relación de los visigodos con Hispania viene de la mano de Ataúlfo (410-415 d. C.), dirigente de los visigodos, quien rompió relaciones con la capital, Rávena, a causa de un retraso en la llegada de los suministros de víveres prometidos por el emperador Honorio y ocupó las ciudades de *Tolosa*, *Burdigala* (Burdeos) y *Narbo* (Narbona). El corte de las redes de aprovisionamiento de cereal por parte de las autoridades romanas obligó a Ataúlfo y sus tropas a trasladarse a *Barcino* (Barcelona) donde fue asesinado seguramente por los partidarios de mantener buenas relaciones con el Imperio. En el 418 o 419 los visigodos se instalaron en Aquitania, al sur de Francia y establecieron su capital en *Tolosa* bajo el mando del rey Teodorico I (418-451).

A partir de este momento la historia de los visigodos va de la mano de una estrecha colaboración con los dirigentes a cargo del control de *Hispania*. Entre los años 416 y 422 los visigodos ayudaron a las tropas del emperador Honorio a controlar parte de Hispania venciendo a los vándalos silingios que se encontraban en la Bética y a los alanos de la Lusitania y posteriormente a los vándalos hasdingos. Es en el año 429 cuando los vándalos, junto a grupos de alanos, abandonaron Hispania para trasladarse al norte de África, donde organizaron su propio reino. De este modo, solamente la Gallaecia estaba en manos de los suevos, a quienes en ocasiones tuvieron que controlar para evitar su expansión. También los visigodos ayudaron para enfrentarse a las revueltas bagaudas de los años 441, 443, 449 y 454 en el valle medio del Ebro.

A mediados del siglo V d. C., la intervención del ejército visigodo es cada vez mayor en la península ibérica. En el año 458, Teodorico manda un ejército a la Bética al mando de Cirila, *dux* o dirigente del *"Gothicus exercitus";* un año después, otro ejército al mando de Sunierico, se dirige a la Bética. En 460 los condes Sunierico y Nepociano son enviados temporalmente al frente de un ejército a Galicia. De este modo, los visigodos se verán con mayor libertad para actuar en Hispania. El nuevo rey visigodo, Eurico (466-484 d. C.), comenzó una serie de expediciones encaminadas a ocupar militarmente las principales ciudades de la *Tarraconensis* y se concentró en posiciones estratégicas como Mérida frente a los suevos. Este control es la base sobre la que se creó el Reino Visigodo de Toledo, configurado después de que su hijo y sucesor, Alarico II (484-507) fuese vencido por el rey franco Clodoveo en Vouillé (507), derrota que obligó a los visigodos a trasladarse al sur de los Pirineos.

El Reino Visigodo en la península ibérica

Tras el fracaso de la Batalla de Vouillé, donde falleció Alarico II, se sucedieron guerras intestinas entre seguidores de dos bandos liderados por Gesaleico, situados en el sur de Francia, y Amalarico refugiados en Hispania y apoyados por su abuelo, el rey ostrogodo Teodorico. Es este monarca quien llega a controlar un vasto territorio de la franja litoral sudgálica y las antiguas posesiones peninsulares del reino de Tolosa. Los testimonios del primer tercio del siglo VI indican que Teodorico ejerció la potestad regia sobre los visigodos por derecho propio, adquirido mediante el uso de las armas, y que al menos hasta el año 522-523 no contempló la posibilidad de que fuese su inmediato sucesor su nieto Amalarico, cuya tutela confiaría al general Teudis. Cuando falleció en el 526, en virtud de sus disposiciones testamentarias, este territorio quedó dividido de nuevo entre sus nietos, permaneciendo los territorios hispánicos y el sector occidental de la costa mediterránea de las Galias, desde la desembocadura del Ródano a los Pirineos, en manos de Amalarico quien fue después asesinado (*c.* 531) y sucedido por Teudis (*c.* 531-548) y Teudisclo (548-549 d. C.). En este periodo se asiste al desarrollo de un rápido proceso de expansión de las regiones meridionales de la península, concretamente la Bética y el litoral de la Cartaginense. En este momento se produce

un hecho importante: gran parte de la legislación promulgada por Teudis, preservada en un único manuscrito que se ha conservado en la catedral de León (*c.* 545), la única de este período que ha sobrevivido en su forma plena o completa, se promulgó en Toledo, una ciudad importante en época romana, pero ahora de importancia desconocida. Este asentamiento llegó a ser la capital del reino visigodo a finales del reinado de Atanagildo (554-567), pero el texto confirma que ya durante la generación anterior se había convertido al menos en residencia real ocasional.

La llegada al trono de Leovigildo (*c.* 572-586) supuso la consolidación de la monarquía visigoda con una política exitosa desde el punto de vista bélico que la dotó de nuevos recursos de poder y que le permitieron liberarse de la influencia de potencias rivales (fig. 3). La política de unidad, bajo el signo de una monarquía fuerte, culminaría con Recaredo y la conversión al catolicismo (III concilio de Toledo del año 589). El catolicismo se convierte a partir de ese momento en el principio de gobernabilidad del Reino y de representación de la identidad del pueblo. La teoría de poder ideada por el alto clero otorga al monarca visigodo una fortaleza que se sitúa por encima de todos los súbditos del reino.

Toletum, capital del Reino Visigodo

En época de Leovigildo se consolida *Toletum* como capital estable y constituye la sede permanente de la corte visigoda. Su carácter inexpugnable, resguardada por el río Tajo y su centralidad hicieron de esta ciudad un espacio privilegiado. La ciudad de Toledo es uno de los mejores ejemplos de las transformaciones que sufrieron las *civitates* de época romana que, lejos de sucumbir o someterse a un estado de abandono o decadencia, continuó su desarrollo urbanístico, adquiriendo un papel fundamental como centro de poder civil, pero también real y eclesiástico. No cabe duda de que la construcción de *Toletum* como *sedes regia* del *regnum gothorum* a lo largo del siglo VI d. C. tuvo una importante repercusión en la trasformación urbanística.

Figura 3. Reino Visigodo en época de Leovigildo. Fuente: web Historia Hispánica de la Real Academia de la Historia (https://historia-hispanica.rah.es/hechos/1433969-569).

El desplazamiento de las esferas de poder eclesiástico del siglo IV d. C. hacia las zonas más destacadas de la ciudad en el peñón rocoso dominante, mediante las reformas de los antiguos edificios es una cuestión aún abierta que la documentación arqueológica no ha podido contrastar. Esta ausencia de datos arqueológicos en el interior de la ciudad impide confirmar la existencia de una dualidad dentro de ella durante el siglo VI d. C. con el poder eclesiástico en la cima de la ciudad, encabezado por el obispo con asiento en su iglesia y residencia, y la parte baja destinada al poder político donde el nuevo rey y la corte levantaron su palacio y en torno al que se desarrolló el urbanismo, documentado en las últimas décadas. Si bien no cabe duda de que la corte se asentó en el llano por sus condiciones topográficas y acceso fácil al agua, todavía queda por resolver esa diferenciación político-religiosa de los dos ámbitos.

Figura 4. Toledo. *Codex Emilianensis*, fol. 129. Patrimonio Nacional. Biblioteca del Real Monasterio de San Lorenzo de El Escorial.

En relación a la cristianización topográfica de la capital, conviene recordar que, a pesar de las innumerables intervenciones en Toledo apenas hay restos arqueológicos en posición primaria que puedan identificarse como los centros de culto de este periodo en la *sedes regia* toledana. Se han identificado tres grandes edificios como referencia las de Santa María, Basílica Martirial de Santa Leocadia y, por último, la de San Pedro y San Pablo pretoriense, esta última asociada al Palacio Real. Además de ellas, la tradición sostiene el origen de otras iglesias como San Sebastián, Santa Eulalia, Santa Justa y Rufina, etc. (fig. 4).

Respecto a la población en el promontorio, la antigua ciudad debía seguir manteniendo una importan-cia tanto por su pasado urbanístico como por su emplazamiento estratégico, de modo que muchos antiguos edificios debieron ser reutilizados y reparados o reformados (fig. 5). Sin embargo, el modelo que se aprecia a partir de las diferentes secuencias estratigráficas obtenidas en numerosas intervenciones realizadas en el casco de Toledo señala un urbanismo romano que cada vez se está definiendo mejor y una segunda gran revolución urbana que se desarrolla tras la conquista islámica. Aunque a nivel general Toledo mantiene su organización interna clásica, la antigua trama ortogonal se va transformando en un parcelario intrincado. En este esquema urbanístico, no se han documentado a nivel arqueológico contextos correspondientes a edifi-

1. CRISTO DE LA VEGA
2. PASEO DEL CARMEN
3. SAN PEDRO VERDE

**EDIFICIOS RELIGIOSOS EXCAVADOS
EN LA CIUDAD DE TOLEDO**

4. CLAUSTRO DE LA CATEDRAL
5. IGLESIA DE SANTA JUSTA y RUFINA (MEZQUITA)
6. IGLESIA DE SAN GINES (MEZQUITA)
7. IGLESIA DE EL SALVADOR (MEZQUITA)
8. SAN BARTOLOMÉ SANSOLES
9. SAN SEBASTIÁN (MEZQUITA)
10. CRISTO DE LA LUZ (MEZQUITA)
11. SANTA EULALIA (NUEVA-PLANTA)
12. SAN FELIPE NERI-SAN JUAN DE LECHES
13. SAN ROMÁN (¿MEZQUITA?)
14. IGLESIA CONVENTUAL DE SAN PEDRO MÁRTIR
15. SAN JUSTO
16. CAPILLA DE BELEN (ORATORIO DE AL-MAMUD)
17. IGLESIA CONVENTUAL MADRE DE DIOS
18. IGLESIA MONASTERIO DE SAN CLEMENTE
19. CONVENTO DE SAN PABLO
20. MEZQUITA DE TORNERÍAS
21. CONVENTO DE LA CONCEPCIÓN MARIANA
22. CONVENTO DE SANTA ISABEL

Figura 5. Ubicación de algunos edificios religiosos de Toledo en los que se han realizado actuaciones arqueológicas en el subsuelo.

cios del periodo visigodo y, de forma casi milagrosa, algunos tardorromanos como los del convento de la Madre de Dios.

El foco de atracción poblacional en este momento se agrupa en el centro, pero sobre todo en otras partes de la ciudad, *in praetorio*, donde señalan las fuentes la presencia de las basílicas ya mencionadas. Las excavaciones arqueológicas realizadas en la Vega Baja han sacado a la luz una trama urbanística que se fecha entre la segunda mitad del siglo VI y mediados del siglo VII d. C. La ciudad visigoda presenta una trama urbanística regularizada, estructurada en manzanas de edificios organizados en torno a patios centrales y jerarquizada, con el complejo palatino, el más que probable puerto fluvial, las áreas de viviendas y posibles zonas comerciales y artesanas. Este poblamiento responde a un modelo bien conocido en otras ciudades hispanas donde se produce un traslado del centro poblacional hacia el *suburbium*. Además de otros factores como las ventajas topográficas que ofrece vivir en el llano en este momento, no cabe duda de que la ciudad cristiana se orientó en torno a espacios de veneración de los mártires que coinciden con su lugar de enterramiento o donde sufrieron el castigo.

Este modelo de traslado poblacional se documenta en otras ciudades hispanorromanas que sufren importantes cambios en época tardoantigua. Un esquema muy parecido de traslado poblacional al de Toledo se ha podido documentar en la ciudad de *Tarraco*. La monumentalización de los *suburbia* es un fenómeno que se registra en numerosas ciudades, como en la vecina *Complutum*, donde Paulino de Nola en el poema 31 menciona la existencia de una necrópolis *ad sanctos* en la ciudad complutense hacia el año 392 o 393 y el Himno IV del Peristefanon de Prudencio nos informa de la veneración de los santos niños Justo y Pastor, cuyo *martyrium* se ha relacionado con la actual Catedral-Magistral. La ciudad tardoantigua y tardorromana gravita en torno a este nuevo centro de devoción, lo que explica la configuración y posterior desarrollo de la ciudad medieval.

El siglo VII, momento de construcción de la iglesia de El Rebollar

La construcción de la iglesia de El Rebollar coincide cronológicamente con la implantación de iglesias rurales documentada a partir del siglo VII que se han explicado como respuesta a una situación de relativa indefinición política en la que determinados grupos sociales pugnan por el control efectivo del cobro de rentas, la reserva de derechos sobre espacios productivos y la gestión de los recursos. Durante la séptima centuria, el paisaje rural se iba poblando de iglesias que, según las prescripciones de los concilios hispanos, debían ser consagradas por el obispo que ejerce su jurisdicción en aquel territorio, quien regula su funcionamiento y, bajo cuyo control, quedan las fundaciones que aseguran la manutención del clero correspondiente.

El siglo VII es también un periodo importante, porque es el momento del encumbramiento de los obispos toledanos que llegaron a alcanzar en el año 681 la primacía de la Iglesia hispana. En este marco cronológico se encuadra no solamente la iglesia de El Rebollar, sino también determinados edificios eclesiásticos del centro peninsular como la iglesia de Melque (Toledo), con resultados de C14, que ofrecen dataciones muy similares, entre los años 680 y 770 y que estudios posteriores fijan a mediados del siglo VIII. También las iglesias de la provincia de Toledo como Guarrazar (siglo VII), Los Hitos en Arisgotas (Toledo) (siglo VI-VIII), Las Vegas de San Antonio o de Pueblanueva (Toledo), además de Pilar de la Legua (Almadén, Ciudad Real), Arroyo de Lagunillas II (Ciudad Real), Valcamino (El Berrueco, Madrid) (siglos VI-VII), Cerro de San Babilés en Boadilla del Monte (siglos VI-VII), así como la posible iglesia de La Solana I (Móstoles, Madrid), entre otras.

Cambios en el poblamiento: el modelo tardoantiguo en la Comunidad de Madrid

La crisis del modelo imperial romano dará paso a un nuevo modelo de poblamiento en la transición del mundo antiguo al medieval. Van a mantenerse las redes viarias que vertebrarán el territorio, amortizando las vías principales y añadiendo una red secundaria de nuevos caminos, ramales y vías pecuarias que harán más tupida la red de comunicación territorial. Dan respuesta a la necesidad de conexión de un nuevo poblamiento que se implantará progresivamente sobre las *villae* abandonadas y las ciudades en decadencia y a una nueva red aldeana con pequeños, medianos y grandes núcleos que se desarrollaron con la explotación del territorio y que necesitaban relacionarse social y económicamente.

Las denominadas vía XXIV, que enlazaba con las ciudades de *Caesaraugusta* (Zaragoza) y *Emerita Augusta* (Mérida) a través del Sistema Central por el puerto serrano de la Fuenfría y la vía XXV, camino alternativo de la anterior vía a través de Salamanca– que enlazaría, procedente de *Augustobriga*, los enclaves de *Toletum, Titulciam* y *Complutum* con *Caesaraugusta*, seguirían siendo las rutas principales y vertebradoras (fig. 6). Las evidencias de materiales arqueológicos epigráficos, de los enclaves de poblamiento y de las huellas de explotación de los recursos disponibles, dibujarán una tupida telaraña de nuevos caminos en respuesta a nuevas formas de organizar el territorio.

Integrados en la provincia llamada *Carpetania*, creada a principios del siglo VI y con sede en Toledo, la sierra de Guadarrama no formaba frontera y se extendía tanto al norte como al sur. Un siglo después, formará parte del territorio de la capital, urbe regia y sede primada metropolitana. Enclaves de tipo *castra o castella* ejercían como centros administrativos de segundo rango y como lugares de defensa del territorio, de ahí su frecuente ubicación en lugares estratégicos, y que en ocasiones contaron con algunas defensas, como los casos del Cancho del Confesionario (Manzanares El Real), el Pontón de la Oliva (Patones) o Cabeza Gorda (Carabaña). Un modelo en el que era necesario estar conectado

Figura 6. Principales vías de época romana de la región madrileña. Fuente: Fernández Ochoa y Salido 2016.

Figura 7. El yacimiento de El Rebollar a los pies de la Sierra de Guadarrama. Fuente: Salido, Gómez y García Aragón/ Global Arqueología.

para el comercio, el abastecimiento, la logística y la administración económica y jurídica de sus habitantes.

Nos encontramos ante un escenario nuevo, con nuevas explotaciones, modelos habitacionales y usos del territorio que requerían nuevas soluciones, a veces más pragmáticas, incluso anárquicas, que fueron surgiendo en respuesta a la paulatina desestructuración del estado precedente. El poblamiento tardoantiguo, en un momento en el que el cristianismo está ya fuertemente implantado, basará la organización territorial en tres ámbitos: los lugares de culto, las áreas cementeriales y los núcleos de población. Se crean asentamientos dispersos, muchas veces unifamiliares, junto a núcleos aldeanos medianos o grandes dependiendo de la concentración de estructuras habitacionales y productivas. Comunidades campesinas y artesanas con cierta autonomía de organización, producción y gestión, pero

supeditadas a las jerarquías civiles y religiosas representadas en los poderes locales o supralocales. También centros de poder más desarrollados y de control del territorio, normalmente en altura. Sin olvidar el papel que como hitos espaciales y territoriales van a tener las necrópolis, con las tumbas excavadas en roca como elementos destacados en el paisaje (fig. 7).

En las regiones meridionales de la vega madrileña predominarán las economías agrícolas y en el norte se priorizan actividades ganaderas y extractivas, en ambos casos en función del sustrato y los recursos disponibles. También en ambos casos se cuenta con un elevado número de yacimientos de este contexto histórico. Para el entorno serrano destacaremos los casos en Colmenar Viejo de Navalavillar y Navalahija, Fuente de la Pradera, El Grajal, Los Villares o La Moraleja, que cuenta también con áreas funerarias como Fuente del Moro y Remedios, e incluso con centros de culto como Remedios. En Manzanares El Real el conjunto poblado-necrópolis de Pablo Santos, el ya comentado poblado en altura del Cancho del Confesionario. En El Boalo la iglesia y necrópolis de El Rebollar, objeto de esta exposición, y la necrópolis de El Alcorejo y en Hoyo de Manzanares los enclaves de La Cabilda y El Palancar, ambos con hábitat y necrópolis y, en el caso de La Cabilda, según algunos investigadores, lugar de culto.

La cristianización del territorio, y la necesidad de cubrir estas nuevas necesidades espirituales favorecieron la construcción de edificios para acoger a los fieles. Con diferentes modelos, también en este caso, surgen iglesias de promoción real, otras financiadas por particulares y, por supuesto, las implantadas por la propia iglesia. En unos casos aisladas y aglutinando la espiritualidad de un hábitat disperso y en otros asociadas a poblaciones aldeanas o urbanas.

LA IGLESIA VISIGODA: EL REGISTRO ARQUEOLÓGICO Y SU INTERPRETACIÓN

JAVIER SALIDO DOMÍNGUEZ*,
ROSARIO GÓMEZ OSUNA**,
ELVIRA GARCÍA ARAGÓN**

La arquitectura: una iglesia típica del siglo VII d. C.

El edificio de culto tardoantiguo está constituido por un aula rectangular de nave única de aproximadamente 13 x 7,5 m y rematada al este en un ábside o cabecera de planta cuadrangular de 2,50 x 2,21 m (fig. 1 y 2). El edificio está orientado en sentido este-oeste con el presbiterio situado en el este. Contaba con un acceso principal en el lado occidental, como solía ser habitual en estos edificios, en la zona de los pies de la nave, cuya estructura fue alterada considerablemente en una fase posterior. Además, presentaba otra secundaria al sur (fig. 3). También dispone de una estancia anexa al norte, comunicada por un acceso con la nave de la iglesia que se abrió poco después de construirse la iglesia (Fase 1b).

La orientación de la iglesia está estrechamente relacionada con la liturgia cristiana, pues la orientación de las prácticas rituales constituyó una manifestación mediante la que expresar la esperanza escatológica. La temprana teologización de los puntos cardinales y de la luz contribuyó a que, posteriormente, la patrística desarro-llase doctrinalmente una reflexión que presentaba a Cristo como la luz del "nuevo cielo". El este se convirtió así en el símbolo cosmológico por antonomasia. En el Concilio de Nicea (325), San Atanasio de Alejandría, ya en el siglo IV, señala que el sacerdote y los participantes deben situarse mirando hacia el este, donde está Cristo, el Sol de Justicia, que brillaría en el final de los tiempos. Bajo estas premisas, la arquitectura religiosa orientada al este permitía generar ambientes celebrativos de gran impacto escénico y capacidad sugestiva, todo ello al servicio de la transmisión de la doctrina de la Iglesia. Aunque ninguna norma dicta cómo han de ser proyectados ni dispuestos los edificios de culto, posiblemente la disposición hacia el este debió estar tan arraigada en el ideario colectivo que no necesitaba ser motivo de regulación.

La construcción de la iglesia de El Rebollar data de la segunda mitad del siglo VII, cronología avalada, además, por los resultados del C14 sobre las muestras de los restos óseos localizados en contextos cerrados, de las tumbas del interior de la nave de la iglesia (fig. 4 y 5). De las dataciones por radiocarbono se deduce una

* Departamento de Prehistoria y Arqueología. Universidad Autónoma de Madrid.
** Arqueóloga. Equipo A de Arqueología.

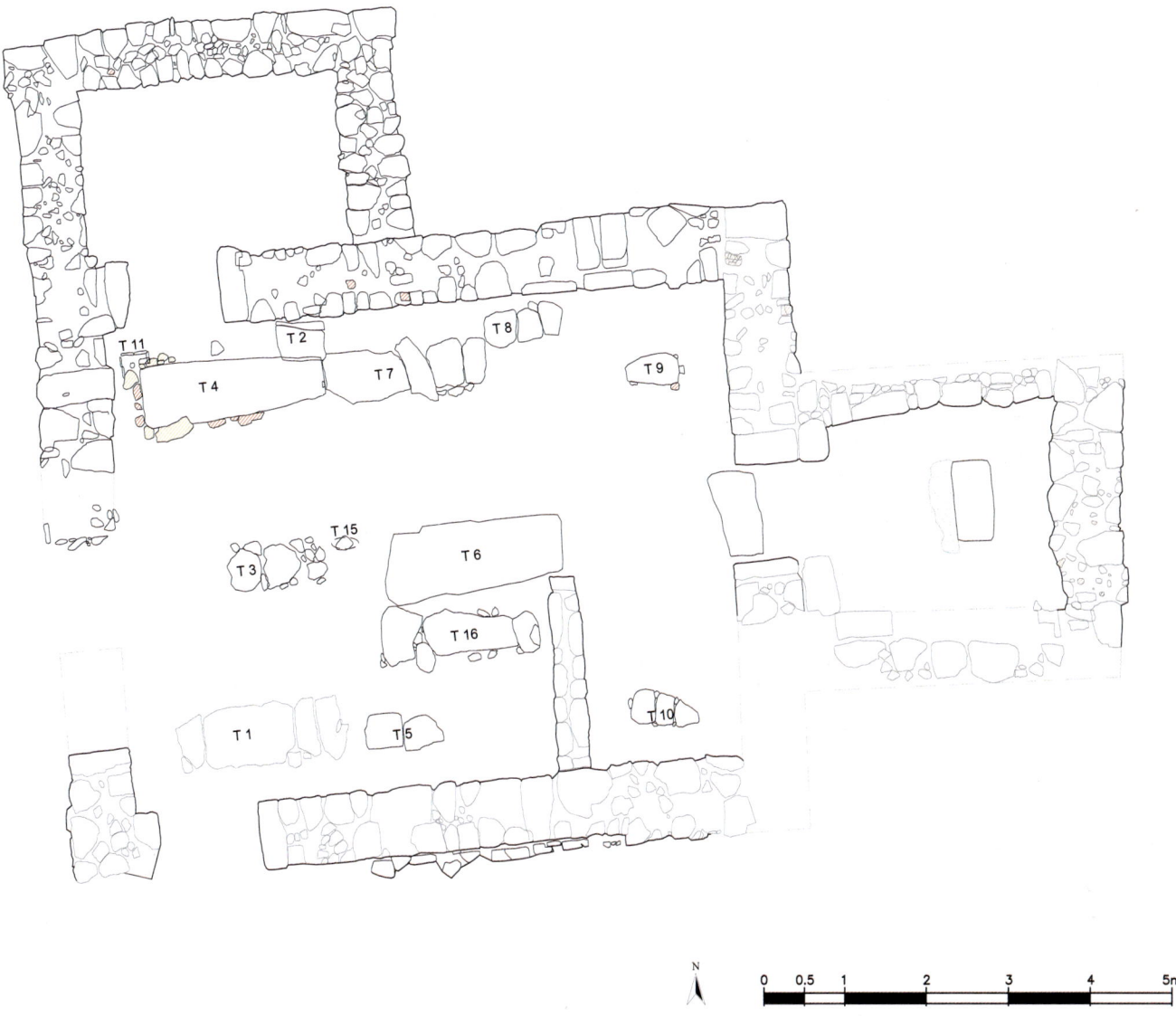

Figura 1. Planimetría de la iglesia con la incorporación de la estancia norte de la Fase 1b. Autores: Salido Domínguez, Gómez Osuna y García Aragón (Equipo Arqueológico de El Rebollar). Digitalización: García Aragón.

cronología amplia que abarca desde los años 656 al 778 d. C. No cabe duda de que nos encontramos ante el problema arqueológico habitual de tratar de determinar si la iglesia se construyó antes o después del año 711, fecha en la que, además, coinciden las medias de las dataciones de El Rebollar, dato que indicamos solo a modo anecdótico. Aunque este año tiene relevancia, poco cambia a nivel arqueológico el panorama en esta franja cronológica, pues las transformaciones que se producen en este momento se desarrollaron de una forma muy lenta y gradual y solo parecen acelerarse a partir del siglo IX.

Figura 2. Reconstrucción infográfica de la iglesia de la Fase 1 y su paisaje. Digitalización: Pilar Cienfuegos. Autores: Salido Domínguez, Gómez Osuna y García Aragón (Equipo Arqueológico de El Rebollar)/ Taller ID. Pilar Cienfuegos.

La cabecera (*presbiterium*)

La cabecera que recibe el nombre de *presbiterium, sanctuarium, altarium* o *tribunale* (también *bema* en Oriente) constituye la parte más recóndita, especial y sagrada de la iglesia, reservada a la jerarquía eclesiástica donde se oficiaba el rito. Los muros que delimitan la cabecera se adosan a la nave, lo que nos indica que corresponden a un momento posterior, al momento de construcción de la gran reforma que sufre el edificio en el periodo bajomedieval. El espacio interior de la cabecera en su fase final presenta unas dimensiones de

3,25 x 3,20 m, mientras que la del periodo visigodo es sensiblemente menor (2,21 x 2,50 m) (fig. 6).

La cabecera de planta cuadrangular, como la documentada en El Rebollar, se difunde en edificios de pequeña escala a partir del siglo VII d. C., especialmente en iglesias funerarias visigodas, longobardas y merovingias y permanece este tipo constructivo hasta el siglo XII (Chavarría, 2021: 84).

A esta fase corresponde el suelo más antiguo documentado en la cabecera (suelo 1), formado por tierra compactada de color amarillento. Varias tejas verticales enmarcan una fina mancha de mortero de cal, de planta presumiblemente cuadrangular, que muy posible que fuera la base o asiento de la losa del altar de la iglesia tardoantigua.

La base de altar, situada en el centro de la misma, no presenta encaje de *stipites* o apoyo central ni tenantes monolíticos con *loculus*. Este altar centrado en la cabecera de la iglesia responde a la tipología más frecuente en el periodo tardoantiguo hispano.

El *sanctuarium* estaba a una cota más elevada respecto al aula, algo habitual en este tipo de edificios y que, en este caso, quedaba solventado por la presencia de un escalón. Parece, además, que el acceso entre el *sanctuarium* y el aula era abierto, pues no se ha documentado ningún tipo de elemento que lo limitara. Este aspecto cobra una importancia vital a la hora de detallar la organización del espacio de esta iglesia, ya que sugiere que, al menos, el espacio de la nave central más próximo al *sanctuarium* debía estar restringido al clero, bien definido por la presencia de un murete como indicaremos a continuación.

La nave (*aula*)

El espacio para los fieles, conocido como *aula, capsum* o *quadratum populi*, corresponde a la nave del edificio que tiene una longitud interior de unos 8 m de este a oeste y de 6 m de sur a norte (fig. 7). Es probable que hubiera un vano en el muro oeste, en la zona de los pies, aunque no se ha podido confirmar su presencia al ser

Figura 3. Reconstrucción infográfica del interior y exterior de la iglesia de la Fase 1. Autores: Salido Domínguez, Gómez Osuna y García Aragón (Equipo Arqueológico de El Rebollar) / Taller ID. Pilar Cienfuegos.

Figura 4. Tumba n.º 4. Individuo adulto masculino recogido a los pies del anterior. Autores: Salido Domínguez, Gómez Osuna y García Aragón (Equipo Arqueológico de El Rebollar).

Figura 5. Toma de muestra de un fémur de un individuo del interior de la iglesia en el laboratorio. Autores: Laboratorio de las Poblaciones del Pasado (LAPP-UAM).

Figura 6. Excavación de la cabecera con indicación de la Fase 1 y 2-3. Autores: Salido Domínguez, Gómez Osuna y García Aragón (Equipo Arqueológico de El Rebollar).

desmontado este muro parcialmente hasta la fosa de cimentación. La nave presenta dos vanos. Uno en el muro sur que fue sellado en la Fase 2 durante el periodo bajomedieval y otro al norte.

El interior de la nave no presenta espacios cerrados. Solamente se localizó, en la esquina sureste, un muro interior, orientado en dirección norte-sur. Es muy posible que este muro corresponda a un cancel que segregara el espacio sagrado de la nave delimitando la zona litúrgica del espacio más oriental, es decir, el coro al este y espacio destinado a los fieles al oeste. El coro tendría 1,95 m de anchura. Desconocemos si en origen la iglesia contaba con otro muro interno semejante al norte.

El cancel cobra su sentido en la iglesia del periodo tardoantiguo pues, al igual que el resto de edificios eclesiásticos anteriores al siglo XI, contó con tres espacios acotados, esenciales para el buen desarrollo de la liturgia: el santuario, donde se situaban el altar y el oficiante, ubicado en el ábside y orientado hacia la salida del sol; el coro, lugar reservado para el clero y, por tanto, a los cantores que entonaban los cantos litúrgicos junto al oficiante, situado en el tramo inmediato hacia occidente, ocupando todo el ancho de la iglesia; y, finalmente, la nave, lugar reservado para los fieles, que ocupaba el sector occidental. Estos espacios reservados al obispo, al clero y al pueblo se separaban por medio de barreras

Figura 7. Vista aérea de la nave y cabecera. Autores: Salido Domínguez, Gómez Osuna y García Aragón (Equipo Arqueológico de El Rebollar)/Global Arqueología.

arquitectónicas, los mencionados canceles, que podían impedir solo el paso (los canceles bajos) o también la visión (los canceles altos o iconostasios, que frecuentemente se cerraban con cortinajes) en determinados momentos de la ceremonia. Desafortunadamente en El Rebollar no se han conservado restos de estos canceles que solían presentar decoración.

El uso funerario de la nave

El fallecimiento de un familiar o un ser querido, la preparación del cuerpo, la sepultura, el destino de las almas y la posibilidad de que estas fuesen eventualmente salvadas, así como el juicio final el día de la *parousia*, fueron aspectos de gran relevancia en el cristianismo antiguo. Incluso se ha señalado que fue precisamente la dimensión comunitaria del culto funerario un aspecto fundamental en la formación de una identidad colectiva cristiana. En el caso del enterramiento dentro de las iglesias, juega un papel importante también el enterramiento en zonas visibles por los fieles para asegurarse el ser recordados en las oraciones durante los oficios litúrgicos.

El suelo de la iglesia de El Rebollar se instaló sobre las losas coberteras de las tumbas de época tardoantigua del interior de la nave. Se han localizado trece tumbas perfectamente orientadas en el sentido de la nave y alineadas con los muros perimetrales, correspondientes a dos tipos de tumbas. Por un lado, los sarcófagos de granito (n.º 4 y 6), de buena ejecución, donde se han localizado los individuos muy bien preservados por la ausencia de sedimento y en las únicas donde se han documentado elementos de ajuar (fig. 8). Por otro lado, documentamos tumbas de cista que se cubren con 3 o 4 lajas irregulares de granito (n.º 1-11, 15 y 16) (figs. 9 y 10).

Las tumbas, tanto de individuos infantiles como de adultos, se ordenan en cuatro hileras a lo largo de la nave. El análisis de las tumbas halladas en el interior de las iglesias muestra que su localización no era casual, sino dictada por la posición del difunto en el universo cristiano local. Esta disposición presupone la existencia de una autoridad que controlaba quién tenía o no este

Figura 8. Reconstrucción infográfica del enterramiento de la tumba nº 4. Autores: Salido Domínguez, Gómez Osuna y García Aragón (Equipo Arqueológico de El Rebollar)/ Taller ID. Pilar Cienfuegos.

privilegio. En las iglesias de este periodo se observa una tendencia a privilegiar la nave principal en el eje con el altar y lo más cerca posible del presbiterio, así como la zona cercana a los muros perimetrales de la iglesia disponiendo las tumbas contra los muros. Así sucede con los sarcófagos con ajuar localizados en El Rebollar que se ubican en estos dos espacios. Los datos antropológicos confirman, además, que el espacio interior de la iglesia estaba reservado a hombres de talla alta y con escasas evidencias de patologías importantes (fig. 11).

La iglesia de El Rebollar en el contexto del primer cristianismo en ámbito rural

A partir del siglo IV d. C. se incluyen motivos iconográficos en los sarcófagos e inscripciones sepulcrales que reflejan la presencia más temprana de la cristiani-

Figura 9. Tumba nº 1. Autores: Equipo Arqueológico de El Rebollar (El Boalo).

Figura 10. Reconstrucción de individuo adulto en la Tumba nº 1. Autores: Salido Domínguez, Gómez Osuna y García Aragón (Equipo Arqueológico de El Rebollar) / Esperanza Martín.

zación en la península ibérica. El canon 41 del Concilio de Elvira celebrado a inicios del siglo IV y el canon 5 del I Concilio de Toledo de finales del IV d. C. son testimonios de la práctica religiosa del primer cristianismo en el ámbito rural. En este último se dice explícitamente que:

> *El presbítero, diácono o subdiácono, incluso cualquier clérigo consagrado a la iglesia, si está en la ciudad, o en un lugar en que hay iglesia, sea en emplazamientos en alto, aldeas o villas (castelli aut uicus aut uillae), y no acude a la iglesia para el sacrificio cotidiano, deje de ser considerado clérigo si no acepta conseguir el perdón del obispo mediante un castigo satisfactorio.*

A pesar de la información que aporta esta documentación escrita, el registro arqueológico solamente ha podido datar con seguridad a partir del siglo VI las primeras iglesias rurales, generalmente asociadas a antiguos centros residenciales rurales de época romana (*villae*), cuando estas habían perdido ya su carácter aristocrático.

Figura 11. Recreación de hombre adulto del periodo tardoantiguo. Autores: Salido Domínguez, Gómez Osuna y García Aragón (Equipo Arqueológico de El Rebollar)/ Taller ID. Pilar Cienfuegos.

Una de las labores principales de los obispos del siglo VI d. C. fue evangelizar a la población rural, gestionar el bautismo y los principales sacramentos y posiblemente debido a esa iniciativa se emprende la construcción de iglesias en el medio rural que tendrá su mayor eclosión en el siglo VII d. C., momento en que se levanta la iglesia de El Rebollar (El Boalo). Los factores son múltiples, pero seguramente las aristocracias incrementaron sus prerrogativas sobre las fundaciones de iglesias en sus tierras. Como resultado de ello, una de las finalidades de estos centros de culto era también manifestar su prestigio, poder y grupo social privilegiado. El concilio de Lérida (546) y el concilio II de Braga (572) señala la existencia de iglesias construidas por laicos. También el canon 33 del IV concilio de Toledo (633) nos informa que "son muchos los fieles que construyen iglesias", un mensaje que se repite en el concilio de Mérida (666). A finales del siglo VII, el concilio III de Zaragoza (691) menciona las iglesias que construyen algunos fieles movidos por piadosa devoción. Sin embargo, todas estas iglesias tenían que ser consagradas y, tal y como advierte el canon 5 del concilio II de Braga (572), los obispos debían exigir a los constructores, previamente a la consagración de la basílica, una dote de la iglesia, confirmada por documento escrito, que garantizara los gastos que hoy consideraríamos de culto y clero. A pesar de esta insistencia, no cabe duda de que muchas iglesias rurales terminaron sin financiación arruinándose, como nos informa el canon 2 del concilio IX de Toledo. En ese caso, se abre la posibilidad de que, si los fundadores no pueden hacerse cargo de ellas, deben presentar en las referidas iglesias a los rectores que ellos consideren idóneos, a fin de que el obispo los ordene para que oficien allí en los cultos sacros. El concilio advierte también que, en caso de que los fundadores no encuentren personas que se puedan responsabilizar de ello, es el propio obispo quien pueda designarlo, con la aprobación del fundador.

El encargado y responsable de la celebración de las misas en las iglesias rurales es el obispo. Cuando no se podían celebrar por falta de clérigos, el concilio de Mérida (666) consigue encontrar una solución en su canon 19, permitiendo que un solo presbítero se encargara del cuidado de varias iglesias y de celebración dominical de la Santa Misa. Veintisiete años después, los obispos reunidos en el canon 5 del concilio XVI de Toledo (693) prohíben que se confíen varias iglesias a un solo presbítero, convencidos de que es imposible atenderlas bien a todas.

Desde el punto de vista constructivo estas primeras iglesias adoptaron el modelo de planta basilical romana, es decir, longitudinal, rematadas o no con un ábside. Esta es precisamente la forma de la nave de El Rebollar que cuenta con un presbiterio o cabecera cuadrangular. La nave central cuenta, además, con un pequeño muro que define dos espacios importantes para la liturgia y los actos realizados en el interior de la iglesia. Se delimitan así tres espacios que son frecuentes en iglesias anteriores al siglo XI. En primer lugar, destaca el santuario, donde se ubica el altar y el oficiante que celebra la misa en el ábside, orientado hacia la salida del Sol. Es el lugar donde se iba a producir la segunda venida de Cristo o *parousia*. En las fuentes escritas se menciona como *presbiterium, sanctuarium, altarium, tribunale* y, en Oriente, *bema*. En la iglesia de El Rebollar este espacio, el más sagrado de la iglesia, estaba alzado con respecto a la nave para favorecer la sonoridad del oficiante.

El segundo espacio está compuesto por el coro, lugar reservado para el clero y, por tanto, a los cantores que entonaban los cantos litúrgicos junto al oficiante, situado en el tramo inmediato hacia occidente, generalmente ocupando todo el ancho de la iglesia. Finalmente, la nave, lugar reservado para los fieles, que ocupaba el sector occidental recibe el nombre de *aula, capsum o quadratum populi*. Esta división tripartita está bien señalada en el IV Concilio de Toledo (633 d. C.) que insiste en: "que el obispo y el levita comulguen delante del altar, el clero en el coro, y el pueblo fuera del coro".

Otra cuestión importante, ya comentada, es el uso funerario de la nave, pero también de su entorno. Los estudios más recientes demuestran la tendencia hacia la ocupación inicial del interior del edificio, saliendo las tumbas al exterior según se reduce el espacio disponible. Incluso se llega a alterar la orientación canónica de las sepulturas para aprovechar el espacio al máximo. Por tanto, todas las tumbas son "privilegiadas", siendo el entorno alejado el verdadero cementerio de los "demás".

LA CULTURA MATERIAL VISIGODA: AJUARES FUNERARIOS Y OBJETOS DE USO COTIDIANO

JAVIER SALIDO DOMÍNGUEZ*,
ROSARIO GÓMEZ OSUNA**,
ELVIRA GARCÍA ARAGÓN**,
INÉS MARÍA CENTENO CEA***

Los materiales que dejaron los fieles y religiosos en El Rebollar

Ya se ha explicado en el relato de la interpretación del registro arqueológico realizado en El Rebollar sobre la iglesia, posteriormente transformada en ermita, que va a ser precisamente esta transformación la que modifique sustancialmente los niveles de uso y ocupación de la primera fase. Si bien los enterramientos del interior y entorno inmediato a la iglesia en su mayoría no se vieron afectados por las obras de reconstrucción y ampliación, no ocurre lo mismo con los suelos y niveles existentes en el momento de su uso como iglesia y cementerio. Por tanto, en las tumbas inviolladas, los elementos no perecederos presentes en el momento del entierro se han podido recuperar, pero los materiales asociados al uso religioso aparecen amortizados, fragmentados y revueltos formando parte de los rellenos y movimientos de tierra que sufrió el interior y el exterior de la iglesia.

En la primera de las situaciones, el material principal de estudio han sido los propios individuos, inhumados en los diferentes tipos de enterramientos documentados hasta el momento. De estos se hablará con detalle en el capítulo *Arqueobiología de los enterramientos asociados a la iglesia visigoda y trabajos en curso*. Acompañándoles aparecen dos tipos de conjuntos: los objetos que llevaba como parte de la vestimenta el individuo y los que formaron parte del ritual del enterramiento y fueron introducidos en la sepultura (fig. 1).

En el primer caso, se han recuperado escasos elementos de vestimenta o adorno personal en el interior de las tumbas, lo que lleva a plantear el uso de sudarios frente a las ropas de vestir. Esta afirmación se ha visto

---

* Departamento de Prehistoria y Arqueología. Universidad Autónoma de Madrid.
** Arqueóloga. Equipo A de Arqueología.
*** Arqueóloga IMC2 Arqueología.

Figura 1. Botella recuperada en la quinta campaña, en la tumba 22, situada en el exterior sur de la ampliación de la ermita. Autores: Salido Domínguez, Gómez Osuna y García Aragón (Equipo Arqueológico de El Rebollar).

corroborada por la aparición de alfileres de bronce o de hierro en otras tumbas del exterior de la iglesia o en otras zonas y niveles del yacimiento. Como parte del sedimento de la tumba 6, el sarcófago ubicado en el eje de la nave y frente al acceso a la cabecera, se recuperaron dos anillos que se presentan en el capítulo dedicado al estudio de materiales.

En el segundo caso, será el otro sarcófago del interior de la nave, la tumba 4, la que contiene una botella de doble asa introducida en el lateral sur de la cabecera. Forma parte del segundo enterramiento, aunque podría haber formado parte de las dos inhumaciones, siendo reutilizado.

Para los materiales y objetos propios del edificio religioso, contamos con tejas cuya factura y características marcas de peines o dedos están documentadas ampliamente en contextos próximos y de similares cronologías como Remedios, Navalvillar y Navalahija en Colmenar Viejo o La Cabilda en Hoyo de Manzanares (fig. 2). Se trataría de una clara reutilización de materiales constructivos tardoantiguos para la cubierta de la ermita. Entre los escasísimos restos asociados a la iglesia destaca un fragmento de lamparita de vidrio y restos cerámicos de recipientes de uso habitual, tanto en contextos religiosos como habitacionales. Estos van a aparecer mezclados con materiales más modernos, de fases

Figura 2. Fragmentos de tejas con marcas de peine. Autor: Alfonso Pozuelo.

alto y bajo medievales, en los estratos de relleno de los posteriores suelos de la ermita. También se han encontrado estas producciones cerámicas en el exterior de los edificios.

Los ajuares funerarios

Los materiales más destacados de la iglesia visigoda proceden de dos tumbas singulares que corresponden a sarcófagos de granito. Todas las tumbas localizadas en el interior de la iglesia tardoantigua se hallan en la nave, ocupando el coro solamente las sepulturas de individuos infantiles n.º 10 y 11. Este espacio está separado por el resto de la nave por un cancel del que solamente se ha localizado el extremo meridional y que define un coro de aproximadamente 1,80 m de anchura. Sin embargo, hay que decir que los sarcófagos ocupan una posición preeminente en la nave, pues la tumba n.º 4 se ubica en la zona de los pies de la iglesia, en el denominado contra-coro como suele ser habitual en las iglesias de la península ibérica, en este caso en la esquina noroeste de la estancia. La tumba n.º 6 ocupa una posición más central, en el eje longitudinal de la iglesia, frente al altar principal en el espacio de paso entre el coro y el anteco-ro. Es muy probable que la ubicación no se deba solo a cuestiones prácticas, sino que estaba también condicionada por la posición de los individuos en el universo cristiano local.

La presencia de sarcófagos de granito es bien conocida en otras regiones de la península ibérica que incluso contienen laudas funerarias decoradas, inscripciones o cruces. Como no se han extraído los dos sarcófagos de las tumbas n.º 4 y 6, desconocemos si disponían de decoración lateral, aunque muy posiblemente no contasen con ello. No obstante, de presentar decoración esta no fue realizada para ser vista, sino que estos motivos se realizaban con el fin de reflejar un ideario de doctrina cristiana en relación a la muerte y el más allá.

El tipo de estructura funeraria, sarcófago de granito, junto con la presencia de ajuar funerario, nos informan sobre el estatus social privilegiado con un cierto nivel socioeconómico de los individuos enterrados. Esta práctica se verá paulatinamente sustituida por sepulturas más austeras a partir del siglo VIII d. C. cuando se opta por enterramientos en fosa simple, cista o ataúd. En El Rebollar, por tanto, se sigue la costumbre de enterrar *intra ecclesia* a personas destacadas de una comunidad garantizando la inviolabilidad de la tumba y, por tanto, el despertar a la vida eterna. No obstante, a pesar de la diferencia de sepultura y ajuar o depósito que acompaña a estos individuos respecto al resto de tumbas realizadas con cistas, no hay ningún dato que nos permita determinar que se trata de "patronos locales", "santos" protectores y/o núcleos familiares pertenecientes a los propietarios del edificio. Sí llama la atención en este sentido el género de los individuos, todos masculinos, y el hecho de que se deposite un individuo adulto en el mismo sarcófago de un juvenil previamente enterrado. Este fenómeno que seguramente responde a un depósito inicial, reapertura de la tumba y colocación del segundo individuo, como muestra la disposición de los cuerpos y confirman las dataciones radiocarbónicas, se documenta también en la tumba n.º 7 de la iglesia de El Rebollar donde de nuevo un individuo, en este caso, perinatal es anterior a la colocación del adulto en la tumba, lo que explica la ausencia de conexión anatómica. La datación radiocarbónica de los restos de este indivi-

duo adulto, fechado entre los años 662 y 777 d. C., coincide cronológicamente y no por casualidad con el mismo momento en que se deposita el segundo de la tumba n.º 7 (estimado entre 662-777 d. C.). Es probable que ambos enterramientos se realizaran en el mismo momento y supuso la reapertura de sendas tumbas en el mismo momento.

Los dos sarcófagos localizados cuentan con elementos que acompañan a los enterrados, un rasgo que diferencia estas dos sepulturas del resto de tumbas de cista del interior de la iglesia. El primer sarcófago (n.º 4) (fig. 3) responde al tipo de tumba con depósito funerario, es decir, aquellas que cuentan con piezas de cerámica, bronce o vidrio destinadas a contener alimentos o líquidos u ofrendas funerarias, como botellas, jarras, platos, cuencos, etc. Estos elementos depositados junto al individuo inhumado (a ambos lados de la cabeza, de la parte central del cuerpo o en los pies) no se suelen relacionar con el ajuar personal, sino con las prácticas funerarias. En la tumba n.º 4 de El Rebollar el depósito acompaña a un individuo masculino adulto y corresponde a un recipiente. Se trata de una botella de doble asa (n.º inv. 2019/20/308), que aparece ladeada, junto a la cabeza del individuo, apoyada sobre la orejera sur (fig. 4). Presenta base ligeramente convexa, cuerpo cilíndrico, cuello estrecho, con dos asas de cinta de sección romboidal y no conserva el gollete o borde. De factura tosca, es asimétrica y presenta una altura de 27 cm. Este tipo cerámico se ha podido datar en contextos del centro peninsular del siglo VI d. C. y, sobre todo, del VII d. C. La datación por C14 del individuo que la acompaña en El Rebollar viene a fechar esta botella en un contexto cerrado entre la segunda mitad del siglo VII y primer cuarto del VIII d. C. (c. 656 y 725 d. C.).

Los resultados obtenidos en el análisis cromatográfico de pequeños fragmentos laminares desconchados de la superficie interna de la botella, realizados en el SECYR-UAM y en los laboratorios Sidi-UAM y Larco Química y Arte y financiados por la Dirección General de Patrimonio Cultural de la Comunidad de Madrid, indican la presencia de restos de grasa animal y resina de colofonia, además de aminoácidos y monosacáridos

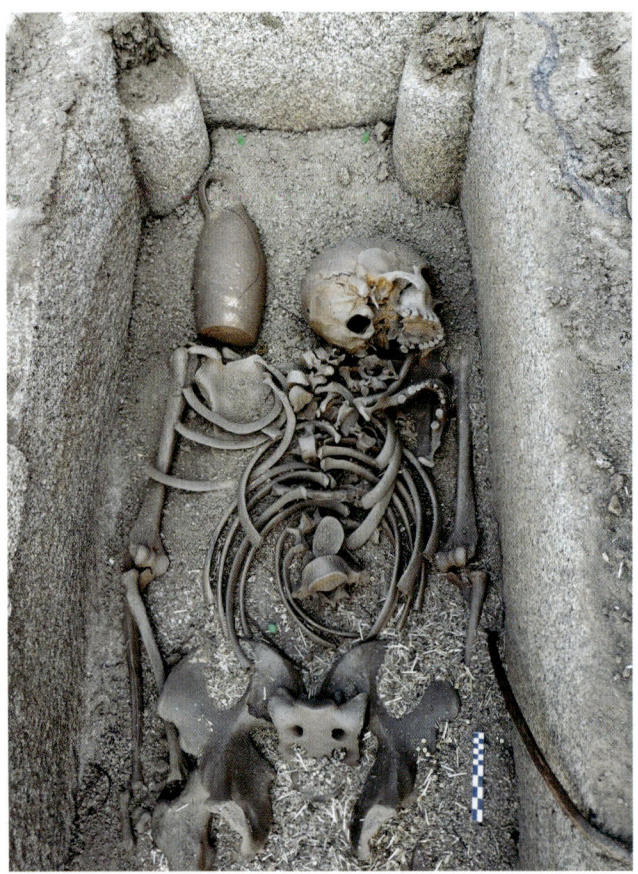

Figura 3. Interior del sarcófago de la tumba nº 4 con el individuo adulto extendido. Autores: Salido Domínguez, Gómez Osuna y García Aragón (Equipo Arqueológico de El Rebollar).

Figura 4. Botella de doble asa de la tumba nº 4. Autores: Salido Domínguez, Gómez Osuna y García Aragón (Equipo Arqueológico de El Rebollar).

procedentes respectivamente de proteínas y de un polisacárido o polisacáridos complejos. La presencia de grasa animal y restos de resina de colofonia podría relacionarse con el hecho de que sea soporte de un perfume. Los azúcares podrían proceder de un desarrollo fúngico (proceso deterioro) o de la presencia de alguna sustancia vegetal: alguna melaza, harina, fruta o incluso licor (¿vino?); en este supuesto, la grasa y la resina también serían aditivos compatibles. De las dos opciones, el tipo de recipiente apuntaría más a la presencia de un líquido como el vino. De confirmarse la posibilidad de que la botella depositada contuviese un líquido, esta no correspondería tanto con el banquete funerario, tal y como se

han interpretado este tipo de depósitos, sino con los contenedores de líquidos empleados en los rituales funerarios, de los que desafortunadamente el registro arqueológico apenas aporta información. Más arriesgado nos parece asociar este recipiente, desde el punto de vista simbólico, con el bautismo como acto propio del cristianismo.

El otro sarcófago responde al tipo de tumba con ajuar, es decir, inhumaciones que presentan elementos de la vestimenta (fíbulas, hebillas y broches de cinturón, pendientes, diademas, anillos, collares, colgantes) o del ajuar personal. En el caso de la tumba n.º 6 se han localizado elementos de adorno personal, en concreto, dos

Figura 5. Interior del sarcófago de la tumba nº 6 con el individuo adulto extendido. Autores: Salido Domínguez, Gómez Osuna y García Aragón (Equipo Arqueológico de El Rebollar).

anillos (fig. 5). El primero de ellos es una pieza de aro de sección circular de bronce, de 2,5 cm de diámetro, con los extremos aplastados para la unión soldada del chatón, que es cuadrado, de plata y está grabado con una gráfila perimetral y decoración central, realizadas con cuño triangular. La imagen no es clara, pero podría tratarse de un hipogrifo. Se localizó en una falange de la mano izquierda. Conviene recordar que cuando se ha podido comprobar, es muy habitual que en las sepulturas mayoritariamente los anillos se colocaban en la mano izquierda. El otro ejemplar consta de un aro de hierro (asociado a un chatón circular de bronce de 1 cm de diámetro) que presenta también un hipogrifo (fig. 6).

Los anillos localizados responden a la tipología de los peninsulares considerados visigodos. Como suele ser habitual en este tipo de anillos, los materiales empleados son aleaciones de cobre y hierro, pues ya sea porque han sido expoliados o fundidos, no se suelen encontrar en metales preciosos. En este sentido, el chatón de plata de El Rebollar es una pieza excepcional.

Los objetos de uso cotidiano más singulares

La cerámica de época visigoda: el fin del mundo "globalizado". Vasos para el culto y el ritual funerario

Los fragmentos de vasos cerámicos son abundantes en los depósitos que debieron de corresponder a los suelos y niveles de uso de la iglesia tardovisigoda. Lamentablemente los profundos procesos de remoción vinculados a las reformas posteriores provocaron la alteración de estos depósitos y la fragmentación de unas piezas que, mayoritariamente, hubieron de estar vinculadas a rituales funerarios y al propio culto desarrollado en el interior del edificio. Otras piezas en cambio debieron estar más vinculadas a cuestiones prácticas como la iluminación, como es el caso de una serie de pequeños cuenquecitos levantados de modo manual o, más raramente, con ayuda del torno, que se presentan muy ennegrecidos al interior por el combustible que contuvieran.

El estudio de la cerámica permite en arqueología aportar datos no solo acerca de la cronología de las estructuras estudiadas sino también acerca de cuestiones sociales, económicas o culturales de las poblaciones que en un determinado momento las modelan y usan en su vivir cotidiano. Las piezas recuperadas en El Rebollar, en concreto, responden a un tipo de producción sencilla, elaborada de modo local o, todo lo más regional, en talleres o alfares que utilizan como materia prima la propia arcilla de la zona, de tipo granítico, que contiene partículas silíceas y puntos de mica. Modelan los vasos fundamentalmente con ayuda de un instrumento de rotación lenta, torno bajo o torneta, de una sola rueda movida de modo manual, bien diferente al torno alto de rueda superior

Figura 6. Fotografía y dibujo de los dos anillos y chatones localizados en El Rebollar. Autores: Salido Domínguez, Gómez Osuna y García Aragón (Equipo Arqueológico de El Rebollar). Digitalización: García Aragón.

movida por pedal y más acorde con modelos productivos más complejos que el que nos ocupa en este caso.

Con esta arcilla, y de este modo concreto, se elaboran recipientes fundamentalmente cerrados, de formas muy sencillas que, en este caso, fueron utilizados para cuestiones cultuales o rituales. Resultan en todo similares o idénticos a los recuperados en sectores de hábitat, pequeñas aldeas o comunidades rurales documentadas en el entorno y parcialmente conocidas como Navalvillar, Navalahija en el entorno de Colmenar Viejo o, en sectores algo más alejados, en pastas igualmente locales aunque de tipo sedimentario, como corresponde a la propia geología de la zona, en áreas sedimentarias del sur de la provincia de Madrid y nor-

te de la de Toledo. Son piezas cerradas, de perfil globular, ollas o más bien jarras de corto cuello recto y borde ligeramente abierto, de labio moldurado y pico vertedor, con asa lateral que arranca desde el mismo labio y alcanza la zona de la pared de mayor diámetro. Están decoradas, en algunos casos, con bandas mayoritariamente horizontales, rectas u onduladas, trazadas en el barro aún fresco –previo a la cocción– con un peine de varias púas (fig. 7). Mucho menos abundantes son las piezas abiertas, representadas a través de una serie de amplios barreños o amplios cuencos o cazuelas de borde en forma de T. Junto a estas, y como anunciábamos ya líneas arriba, se han recuperado algunos cuenquecitos modelados exclusivamente a mano, sin ayuda de

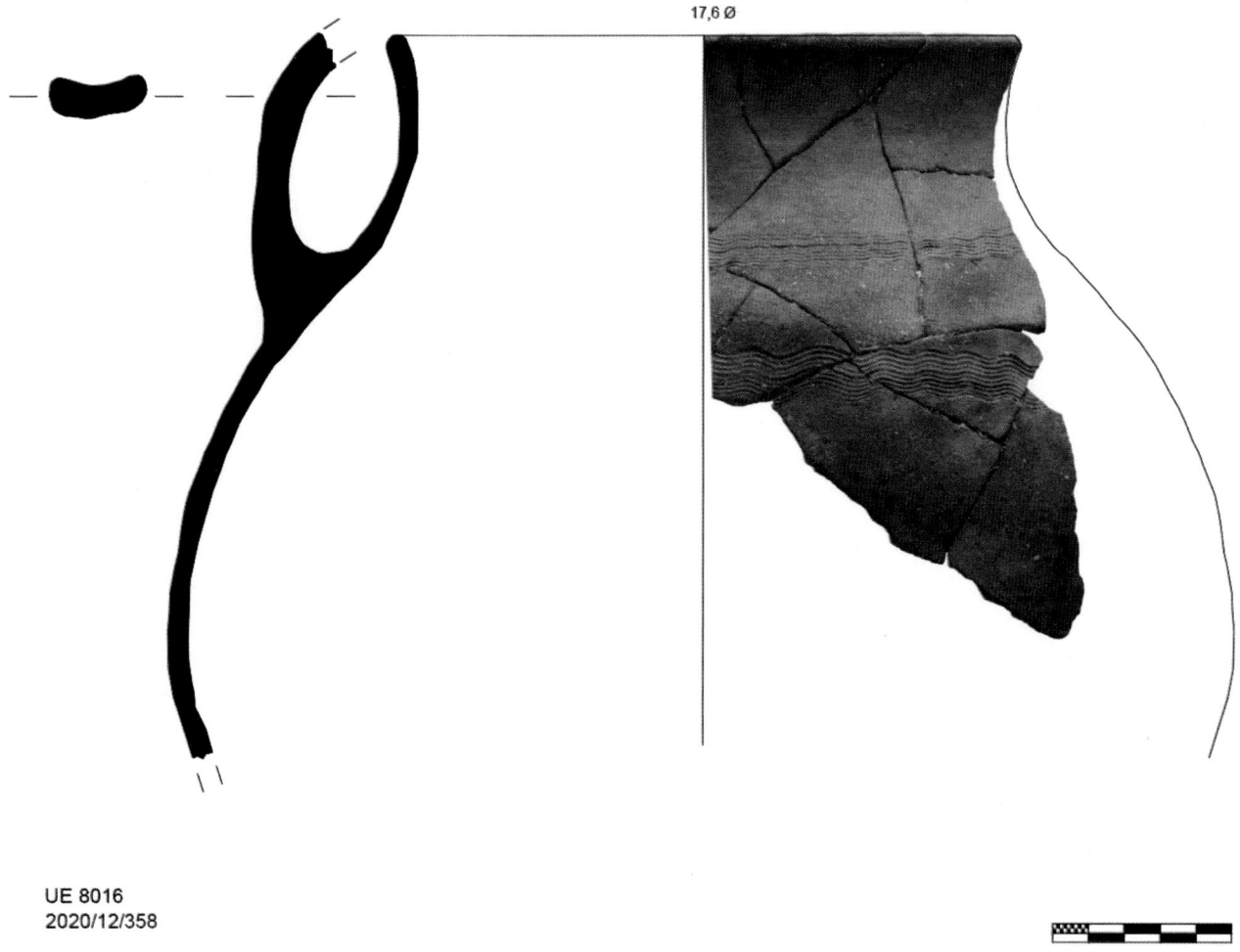

17,6 Ø

UE 8016
2020/12/358

Figura 7. Olla de época tardoantigua. Autores: Salido Domínguez, Gómez Osuna y García Aragón (Equipo Arqueológico de El Rebollar)/Centeno. Digitalización: García Aragón.

ningún instrumento de rotación, muy ennegrecidos al interior y exterior como consecuencia directa de su más que posible uso como candiles con los que iluminar el interior del edificio (fig. 10).

Este tipo de piezas responden, pues, a un modo de producción de tipo local/artesanal que resulta muy característica en la etapa hispanovisigoda, y más aún en su fase avanzada –segunda mitad del siglo VII/primera mitad del VIII d. C.–. Las semejanzas, como hemos apuntado, son claras con recipientes recuperados en

asentamientos cercanos como Navalvillar o Navalahija, en Colmenar Viejo, con otras de la zona meridional de las campiñas madrileñas, como Gózquez, en San Martín de la Vega o Fuente de la Mora en Leganés o, nuevamente en áreas serranas, en este caso de Sierra de Gata, con las recuperadas en la pequeña aldea de El Pueblito, en Casillas de Flores (Salamanca). Este modo concreto de elaboración, con arcillas de tipo local y ayuda de instrumentos de rotación lenta o incluso sin apoyo de ningún tipo, responden a un modelo productivo local, por tan-

UE 2003
2018/39/219

Figura 8. Amplio cuenco o cazuela de borde en forma de T de época tardoantigua. Autores: Salido Domínguez, Gómez Osuna y García Aragón (Equipo Arqueológico de El Rebollar)/Centeno. Digitalización: García Aragón.

to, reducido tanto en su capacidad productiva como, sobre todo, en su posibilidad de difusión y expansión comercial. Este sistema es el que va imponiéndose en Hispania tras el fin del Imperio Romano, en el último tercio del siglo V y, en el caso de estos territorios del interior peninsular, ya desde las primeras décadas de esta quinta centuria, en las que la presencia de Roma comienza a verse reducida. Esa cierta unidad del mundo romano que trajo consigo la implantación de un sistema económico único o casi único y que se rastrea muy bien en el mundo de la cerámica, a través de la expansión por todos los rincones del Imperio de los mismos tipos de vasos (la conocida *terra sigillata*) producidos en serie desde unos pocos talleres y distribuidos a muchos kilómetros de distancias gracias a redes de comerciantes bien organizados, desaparece ahora, dando paso a un sistema productivo más limitado y autóctono, en el que las particularidades y recursos de cada zona van imponiéndose. Este mundo, más autárquico y cerrado, en el

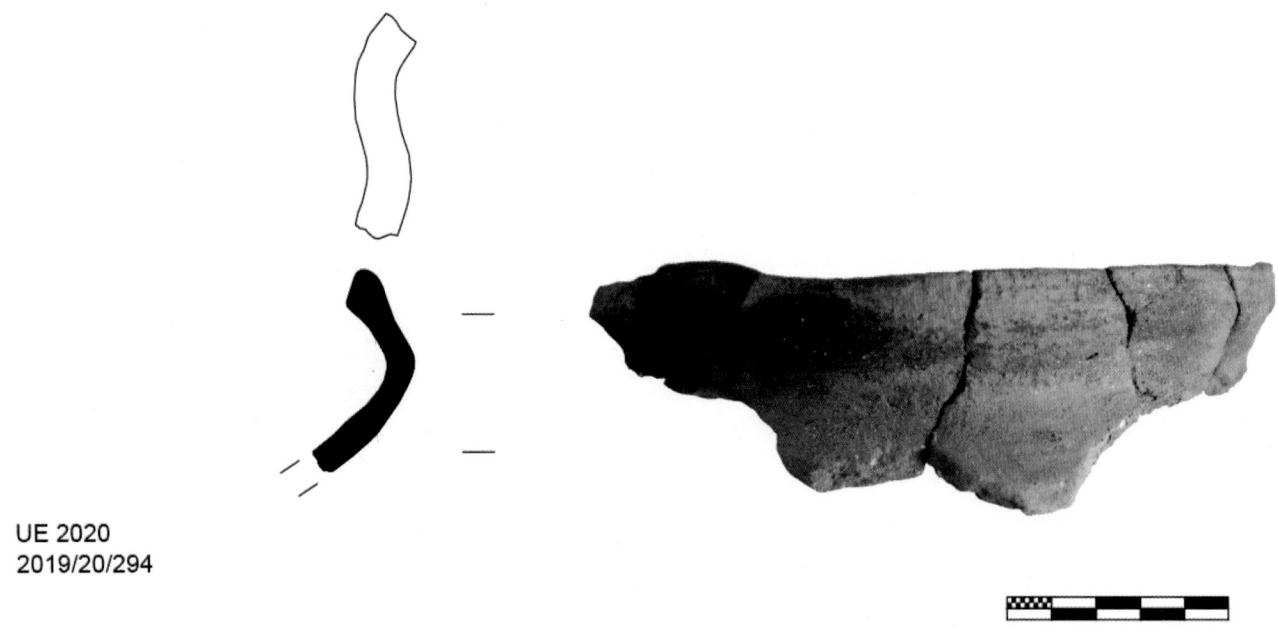

UE 2020
2019/20/294

Figura 9. Jarra de época tardoantigua. Autores: Salido Domínguez, Gómez Osuna y García Aragón (Equipo Arqueológico de El Rebollar)/Centeno. Digitalización: García Aragón.

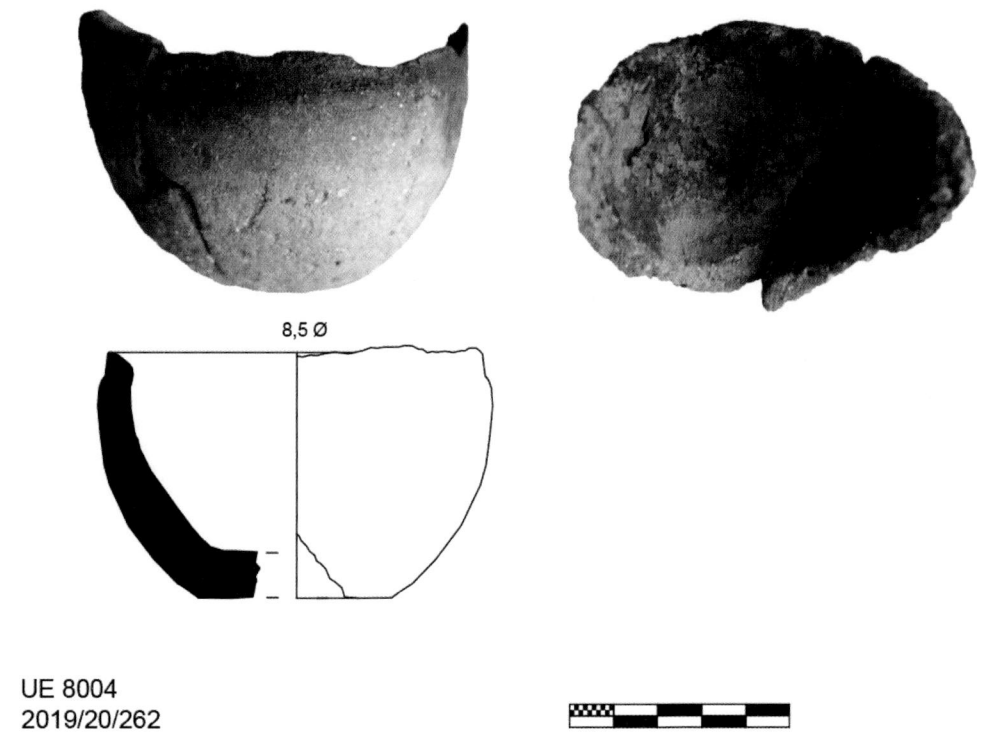

8,5 Ø

UE 8004
2019/20/262

Figura 10. Lamparilla cerámica de época tardoantigua. Autores: Salido Domínguez, Gómez Osuna y García Aragón (Equipo Arqueológico de El Rebollar)/Centeno. Digitalización: García Aragón.

que los procesos de regionalización comienzan a dar valor y sentido a las particularidades propias de cada comunidad, es el que se manifiesta y rastrea en los vasos de El Rebollar, unas piezas formalmente similares a las utilizadas en cocinas y fogones pero que, en este caso, debieron estar al servicio de a las actividades cultuales realizadas en el edificio y sus inmediaciones.

El vidrio: la iluminación de la iglesia

El material vítreo recuperado en el yacimiento de El Rebollar es escaso y, debido al grado de fragmentación, resulta difícil establecer su tipología. Los materiales vítreos son, además, muy sensibles a la acidez del suelo y el medio en el que nos encontramos, pues los suelos silíceos ácidos contribuyen a su mala conservación tras su enterramiento. Se aprecia en algunos fragmentos una severa capa de corrosión por efecto de la humedad.

Entre el material correspondiente a la fase tardoantigua, en el nivel de abandono de la nave de la iglesia se localizó un fragmento de fondo de recipiente transparente, muy fino, de 3,5 cm de longitud y 2 cm de anchura y 0,5 cm de grosor. Corresponde a los vástagos de pie de lámparas del tipo (*bowl-shapped oil lamps*), que se insertaban en un soporte metálico que suspendía una o varias lamparitas, conocidas con el nombre de *polycandela*. La documentación disponible sobre los apliques decorativos en estos soportes y elementos de sujeción de lámparas, nos muestran generalmente cruces relacionadas con las cadenas y ganchos. En El Rebollar, sin embargo, no se han localizado cruces de pequeño tamaño.

Aunque, en teoría, cualquier recipiente (cuenco o taza de vidrio) podría haberse utilizado como lámpara, los vidrieros de la Antigüedad tardía también crearon formas de lámparas especializadas. El uso de estas piezas tiene un simbolismo especial en la liturgia y el ritual llevado a cabo en el interior de las iglesias, además del uso práctico que se le concede como lucernarios. Las dos más comunes eran las lámparas en forma de cuenco, de pie o colgadas y, en ocasiones, como la pieza de El Rebollar, que tenían forma de copa que se apoyaba y usaba con un soporte metálico (figs. 11 y 12). Estos últimos constituyen la innovación más importante en iluminación artificial en la Antigüedad tardía, ya que permitieron que la iluminación interior de espacios seculares y religiosos alcanzara niveles de elaboración y lujo sin precedentes.

Figura 11. Fragmento de fondo de vidrio verdoso de lamparita. Autores: Salido Domínguez, Gómez Osuna y García Aragón (Equipo Arqueológico de El Rebollar). Digitalización: Salido Domínguez.

Del derrumbe al tejado: la información que ofrece el material constructivo

El material de construcción cerámico, principalmente tejas, se ha podido documentar en todo el yacimiento. Desafortunadamente este material ha sido escasamente analizado en la historiografía más reciente, desde el punto de vista tecnológico, económico y arqueológico. Paradójicamente esto se debe en parte a las grandes cantidades de material que se encuentran frecuentemente. Investigaciones recientes plantean que, a diferencia de lo propuesto en décadas anteriores, el material de construcción cerámico era un producto de alto valor que en ocasiones se distribuía a nivel regional. En la región madrileña el material constructivo cerámico tipo teja está presente en todos los enclaves y establecimientos rurales.

Durante las excavaciones de las diferentes estancias que componen la iglesia tardoantigua se han localizado restos de material constructivo latericio que apareció en un estado muy fragmentario. Los fragmentos de tejas se han localizado mayoritariamente en todos los niveles de derrumbe de la techumbre de la iglesia. El hecho de que aparezcan tejas propias del periodo tardoantiguo en la zona de la ampliación bajomedieval se explica por la reutilización del material latericio que se fue apilando después del derrumbe de la primera iglesia. Algunas tejas completas o casi completas, aunque muy fragmentadas, se recuperaron en el interior de la estancia norte. También se documentan tejas en los rellenos de los vanos norte y sur de la nave, que nos informa, además de su cierre intencionado. Se han recuperado piezas completas que han permitido establecer un módulo, muy similar al localizado en yacimientos próximos, como indicamos anteriormente.

La cara interna de las tejas es rugosa, con marcadas estrías longitudinales que reflejan el arrastre de la lámina de arcilla sobre el molde. La parte externa es alisada y se conservan improntas de materiales vegetales ahora perdidos durante el proceso de horneado. No se han localizado tejas completas, pues todas se hallan muy fragmentadas y mezcladas en los perfiles de excavación;

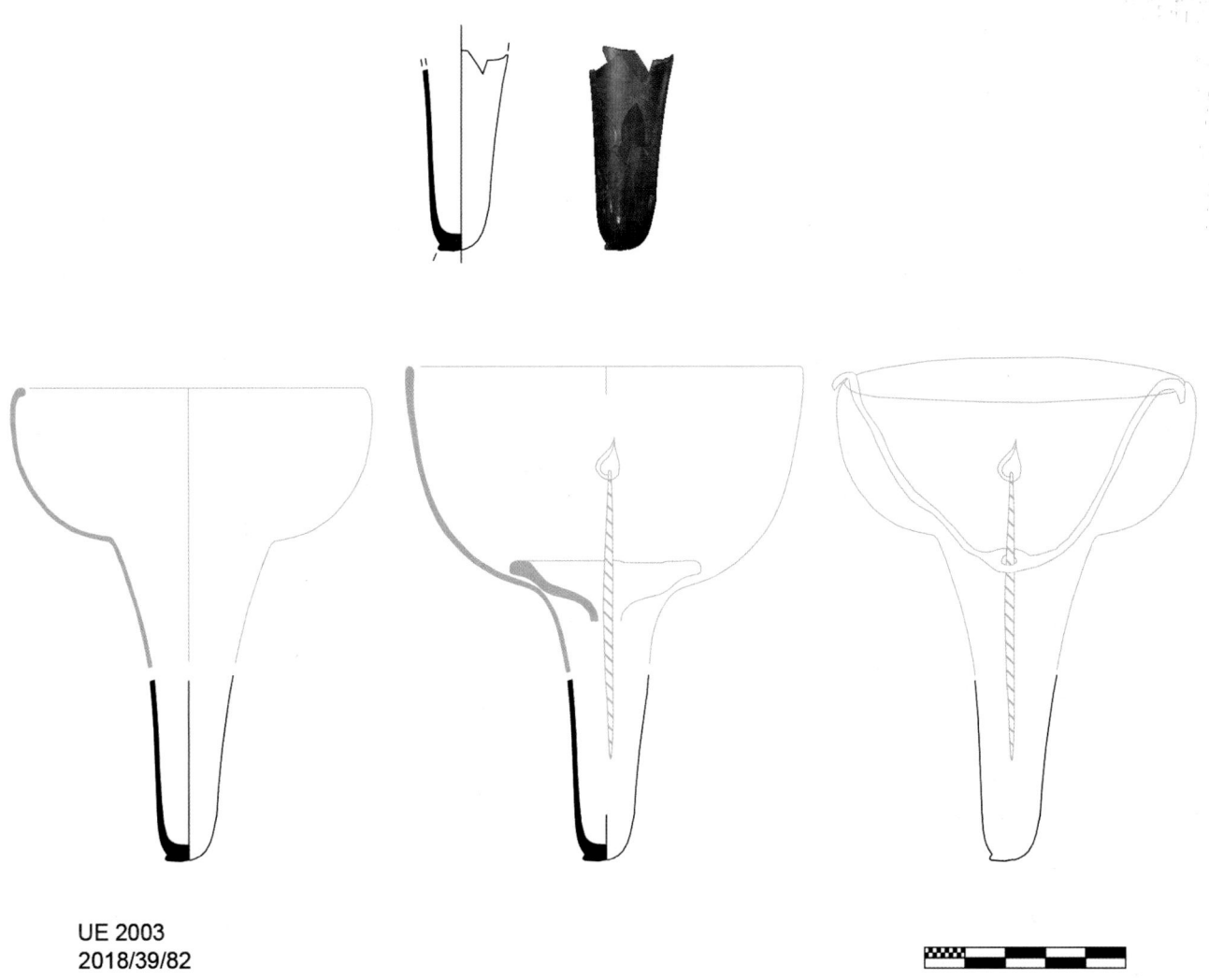

UE 2003
2018/39/82

Figura 12. Reconstrucciones hipotéticas de la lámpara en forma de copa sobre la pieza de El Rebollar, con el sujeta-mechas cerámico y metálico. Autores: Salido Domínguez, Gómez Osuna y García Aragón (Equipo Arqueológico de El Rebollar). Digitalización: García Aragón.

aun así, se ha conseguido reconstruir algunas parcialmente, que nos han permitido obtener algunas medidas totales.

Determinadas tejas localizadas presentan marcas realizadas con peines o digitaciones, cuando se formaba la teja en el molde. Los realizados con peine son de diferentes anchos y numero de dientes, desde peines con uno o dos dientes hasta peines de diez, siendo los de 3, 4 y 5 dientes los que se encuentran con mayor frecuencia (fig. 13). También presentan marcas incisas con líneas longitudinales rectas o curvas, en zigzag o cruzadas. Cuando las marcas son digitaciones, presentan líneas rectas, onduladas, simples o paralelas. Estas marcas, herencia del mundo romano, tienen una clara funcionalidad técnica, favoreciendo la adhesión de los morteros en algunos casos, pero hemos documentado las tejas decoradas encima de las que sirven de canal, por lo que dejarían las decoraciones a la vista, sin función técnica. También, como en otros yacimientos se han encontrado improntas de dedos como consecuencia del manejo de

Figura 13. Fragmentos de tejas con marcas de peine. Autor: Alfonso Pozuelo.

las tejas antes de su cocción. Si bien son varias las tejas recuperadas que muestran marcas de los dedos al ser manipuladas en la fabricación, no se conservan huellas de animales o personas, tan presentes en material constructivo del periodo romano, lo que podría indicar que, a diferencia de los alfares romanos, situados a las afueras de poblaciones o zonas periurbanas, podría tratarse de centros de producción más aislados.

A partir de algunas tejas completas o casi completas (fig. 14), se puede plantear el peso máximo total estimado del tejado y presentar una reconstrucción de la disposición de las mismas a partir de la inclinación del tejado (fig. 15). Aunque es obvio que estos cálculos, como los propuestos para techumbres de otros edificios analizados a partir del registro arqueológico, son imprecisos y teóricos, nos aportan una información más cualitativa que cuantitativa, pues denotan un peso enorme del material constructivo.

Otro uso importante a tener en cuenta sobre el uso de material constructivo cerámico se aprecia en el sellado de las tumbas del periodo tardoantiguo. Tras la colocación de las tapas, se realiza un sellado de la unión con la cista o sarcófago colocando fragmentos de tejas, piedras de granito pequeñas o trozos de placas de caliza,

Figura 14. Teja casi completa. Autores: Salido Domínguez, Gómez Osuna y García Aragón (Equipo Arqueológico de El Rebollar). Digitalización: Salido Domínguez.

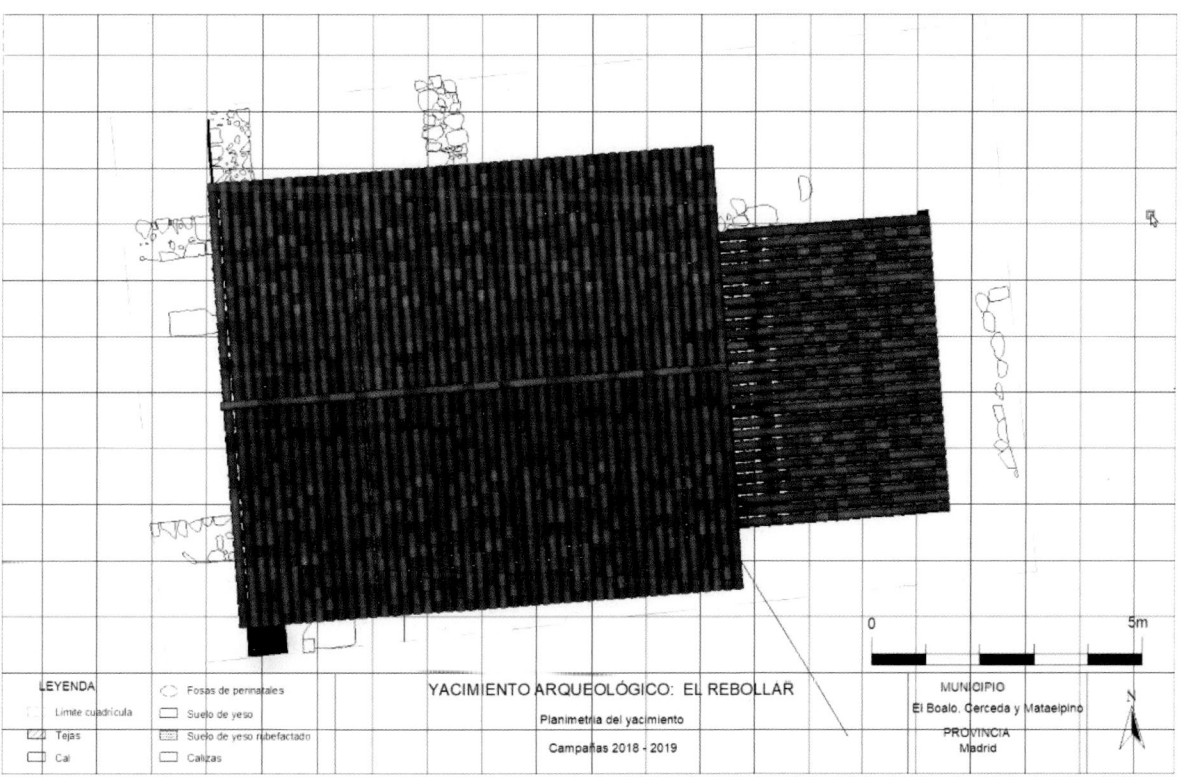

Figura 15. Reconstrucción del tejado de la iglesia. Autores: Salido Domínguez, Gómez Osuna y García Aragón (Equipo Arqueológico de El Rebollar/Esther Grosso.

evitando la entrada de sedimento en el interior de las tumbas, con especial cuidado en las tapas de los sarcófagos (tumbas n.º 4 y 6).

También se reaprovechan para la construcción de hogares como se ha comprobado en uno construido en el exterior de la iglesia, frente al vano sur, en este caso de cronología más avanzada. Se constata, además, la reutilización de material laterico para la fabricación de tapaderas para envases de diversos tamaños, en ocasiones denominadas fichas.

Reflexión sobre la importancia del estudio de la cultura material

Una vez expuestos los hallazgos materiales de la fase 1 de ocupación de la Iglesia, podemos concluir que el estudio de la cultura material ha resultado fundamental para conformar el discurso sobre este periodo del yacimiento.

Las unidades estratigráficas correspondientes a este nivel de la iglesia tardoantigua (Fase 1) han aportado materiales de gran relevancia, pero cabe señalar que la cultura material es más escasa que en los depósitos de las fases posteriores, principalmente por tratarse de una estructura de uso religioso.

La presencia de los materiales cerámicos anteriormente presentados, así como los elementos constructivos, metálicos, vítreos, y los elementos correspondientes a los ajuares funerarios, nos permiten conocer mejor las distintas realidades de la comunidad que hizo uso de este lugar de culto. Su presencia, además, se debe a la importancia de esta primera ocupación de la estructura.

Por otro lado, debido a la escasez de fuentes documentales del periodo cronológico tardoantiguo, el análisis de la cultura material es aún más necesario para realizar una correcta investigación arqueológica que nos permita conformar el discurso histórico sobre la Iglesia de El Rebollar.

ARQUEOBIOLOGÍA DE LOS ENTERRAMIENTOS ASOCIADOS A LA IGLESIA VISIGODA Y TRABAJOS EN CURSO

ARMANDO GONZÁLEZ MARTÍN*,
OSCAR CAMBRA MOO*

Introducción

Los recintos parroquiales como el de El Rebollar ofrecen frecuentemente la posibilidad de encontrar asociados a ellos enterramientos humanos. En este caso, reunidos en el interior y en torno a la iglesia, se han hallado un conjunto muy interesante de ellos.

Hablamos en total de dieciséis enterramientos, en los que se han hallado los restos humanos pertenecientes a dieciocho individuos. Tres de ellos eran dobles y uno se encontró sin restos en su interior (fig. 1). La gran mayoría son tumbas en cista, es decir, formadas por losas laterales y en su cabecera y pies y cubiertos por otra similar. En todos los casos las losas son de granito, muy abundante en la zona. Dos de los enterramientos son sarcófagos de una sola pieza (Tumbas 4 y 6) (figs. 2 y 3), el primero de ellos elaborado con una cuidadísima factura.

Todos los enterramientos individuales son primarios, es decir, la descomposición y esqueletización de los cuerpos se ha producido en el mismo lugar en el que fueron depositados. En los dos casos de los enterramientos dobles, además de un enterramiento primario encontramos sobre él los restos desarticulados, en posición secundaria, de otro individuo. El hecho de encontrarlos así nos permite establecer algunas conclusiones sobre la secuencia de los acontecimientos. En ambos casos, el individuo en posición secundaria fue el primero en morir y en ser enterrado en la tumba. Pasado el tiempo necesario para que su esqueletización fuera completa –periodo que no es fácil establecer, ya que depende mucho de las condiciones ambientales–, la tumba fue reabierta, los restos del individuo se extrajeron, se depositó al nuevo individuo en posición primaria y, sobre él, se reinhumaron los huesos del primero, agrupados sin conexión anatómica en la zona de los pies del anterior (fig. 3).

Principales resultados obtenidos

Gracias a la participación del equipo de antropólogos en el trabajo de campo ha sido posible obtener otros datos interesantes en relación con la posición y disposición de

---

* Laboratorio de Poblaciones del Pasado (LAPP), Departamento de Biología, Universidad Autónoma de Madrid.

Figura 1. Enterramientos asociados a la iglesia visigoda de El Rebollar. Autores: LAPP sobre planimetría ofrecida por el Equipo Arqueológico de El Rebollar.

Figura 2. Ejemplos de los enterramientos en cista (Tumba 7, izquierda) y en sarcófago (Tumba 6, derecha). Autores: Salido Domínguez, Gómez Osuna y García Aragón (Equipo Arqueológico de El Rebollar).

los individuos. Como es habitual en los enterramientos de tradición cultural cristiana los individuos se colocan en decúbito supino –el cuerpo yace sobre la espalda– y están orientados con la cabeza hacia el oeste y los pies hacia el este. En la mayor parte de las ocasiones los brazos se sitúan extendidos, paralelos al cuerpo, aunque hay casos en que alguno o ambos están cruzados sobre el tórax o el abdomen. El desplazamiento parcial de algunas conexiones anatómicas indica que bajo la cubierta las tumbas no se colmataban de tierra en el momento del enterramiento. Si se han encontrado colmatadas ha sido por el proceso de filtración de sedimentos que se ha producido con el paso del tiempo. Otros posibles responsables de esas alteraciones anatómicas han podido ser algunos pequeños animales, fundamentalmente reptiles y anfibios, que han colonizado posteriormente esas tumbas y cuyos pequeños huesos también se han encontrado durante la excavación en algunas de ellas.

Se han realizado numerosas dataciones de este conjunto de restos humanos y todas han ofrecido resultados muy congruentes, situando la muerte de los individuos entre la segunda mitad del siglo VII y la primera del siglo VIII.

64

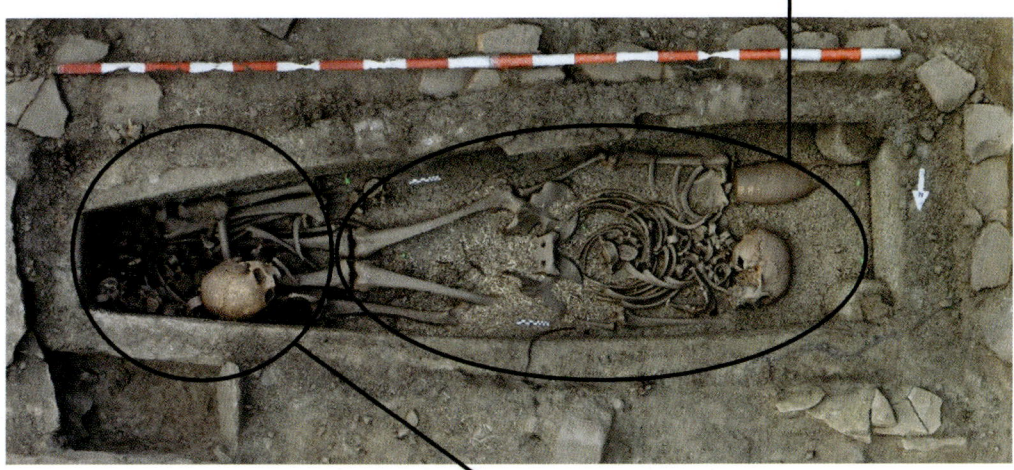

1 - El primer individuo en morir fue enterrado en el sarcófago y, una vez esqueletizado, sus huesos se extrajeron para introducir al segundo

2 - El segundo individuo se enterró en el sarcófago previamente vaciado y sus restos no se alteraron hasta su hallazgo, en posición primaria

3 – Sobre los pies del segundo individuo se depositaron en posición secundaria – desarticulados- los huesos previamente extraídos del primer individuo

Figura 3. Descripción de la secuencia de acontecimientos interpretada de los hallazgos realizados en el sarcófago Tumba 4. Autores: LAPP.

El estado general de preservación de los restos óseos es muy bueno, lo que permite profundizar en las características biológicas de los individuos durante los trabajos de laboratorio, Estos trabajos, aunque siguen en curso en la actualidad, nos permiten ya avanzar algunas de las conclusiones obtenidas. No es posible, sin embargo, realizar un estudio poblacional de tipo demográfico porque el número de individuos recuperado hasta ahora es muy pequeño, aunque esperamos que futuras campañas de excavación sobre el yacimiento permitan aumentar la muestra para que este tipo de estudios pueda ofrecer resultados precisos y fiables.

Las edades de muerte son variables, pero una gran parte de los individuos no había alcanzado la edad adulta (doce de los dieciocho se encuentran por debajo de los veinte años y diez de ellos murieron antes de cumplir los cinco). Como se aprecia en la figura 1, nueve de las dieciséis tumbas son "pequeñas" y solo siete tienen las dimensiones apropiadas para contener individuos adultos. En los seis cuya edad de muerte se ha estimado superior a los veinte años ha sido posible hacer la determinación de su sexo mediante diferentes metodologías (Rascón, 2017), obteniéndose resultados llamativos. Todos los métodos coinciden y proporcionan probabilidades mayores al 90% de pertenecer a hombres, de lo que se concluye que el enterramiento dentro de la iglesia debió estar reservado a ellos.

Se ha estudiado también la talla de los individuos. En el caso de los niños más pequeños las estimaciones (entre 51 y 57 cm) corresponden a lo que cabe esperar de individuos muertos durante el primer año de vida. Los adultos en general son altos, con una talla superior en muchas ocasiones a la media de otras colecciones medievales y muy cercana a la media española contemporánea (fig. 4).

Trabajos en curso

Todavía se encuentra en elaboración el estudio en profundidad de los caracteres de interés encontrados en los individuos y sus posibles relaciones con patologías sufridas durante su vida, pero es posible avanzar ahora alguno de los resultados obtenidos.

En los cráneos de todos los individuos adultos se ha podido documentar la presencia de huesos suturales o wormianos. Se trata de pequeños huesillos de forma irregular que forman parte de las suturas de la bóveda craneal. Es una característica cuyo origen no se conoce con precisión, pero que es poco frecuente en estas latitudes y que puede estar informándonos sobre cierto grado de relación entre los individuos enterrados. Alguno de ellos presenta características poco habituales y es necesario seguir indagando para encontrar algún paralelo (fig. 5).

También entre los adultos se ha determinado la frecuente existencia de entesoexóstosis. Llamamos así a protuberancias del tejido óseo que se sitúan en las zonas de inserción de los ligamentos y cuyo significado se interpreta como resultado de un uso frecuente y repetido de una articulación, por ejemplo, a la hora de realizar determinados trabajos. Será necesario un estudio

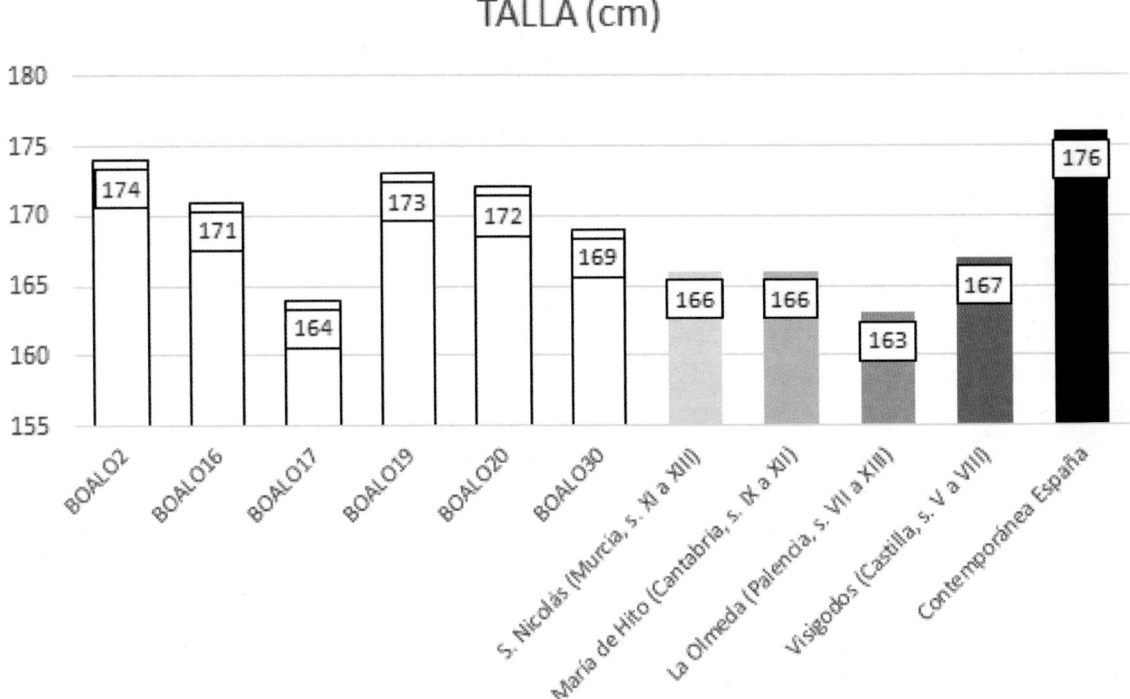

Figura 4. Comparación de los valores medios de talla estimados para los individuos adultos tardoantiguos de El Rebollar (barras blancas), en comparación con los resultados medios para hombres de algunas series medievales peninsulares (en gris) y con la media contemporánea para los hombres españoles (en negro) (Datos de las series medievales tomados de Robles, 1997).

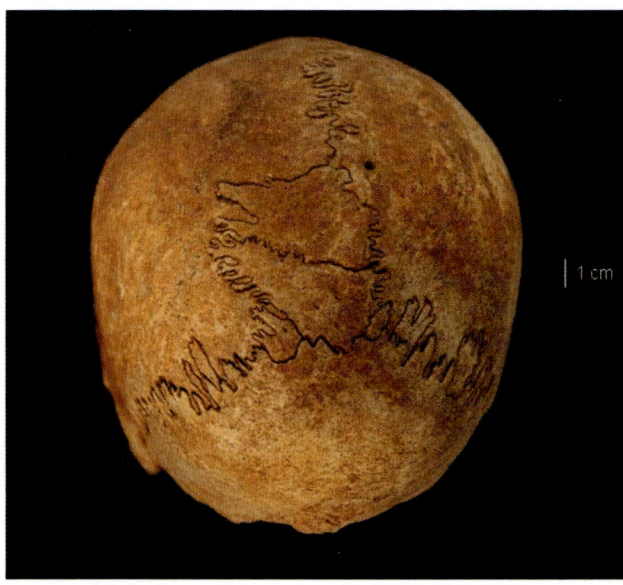

Figura 5. Huesos wormianos del individuo de la Tumba 2. Autores: LAPP.

más profundo para intentar relacionar los signos encontrados con actividades concretas que pudieran llevar a cabo de forma habitual estos sujetos.

Sin embargo, otros de los indicadores que se relacionan habitualmente con actividades de importante componente físico están casi completamente ausentes. Nos referimos a todos los signos relacionados con la artrosis, tanto a nivel vertebral como articular. Un trabajo monográfico realizado sobre el tema (San Miguel, 2023) nos ha ofrecido como conclusión que ninguno de los individuos presenta características de sufrir esta enfermedad, ya que si se han encontrado estos signos no son generalizados y son leves. Siendo conocido que los individuos enterrados en la iglesia no son una selección al azar de la población de origen, ya que son todos hombres, es probable que también realizaran actividades diferentes a las del grupo en conjunto.

Entre los signos de interés con significado patológico destacan claramente aquellos relacionados con la salud bucodental. Se trata de hallazgos que suelen ser frecuentes en las poblaciones antiguas, pero que son muy numerosos en estos individuos. Hablamos de caries, depósitos de sarro, abscesos relacionados con posibles infecciones dentales y un grado de desgaste muy acusado. No es fácil interpretar este conjunto de resultados, porque pueden tener su origen en causas muy diversas: uso de la boca como asistencia para realizar determinados trabajos, higiene deficiente, alimentación, etc. Siendo pocos los casos estudiados hasta la fecha será necesario disponer de muchos más individuos para poder proponer alguna hipótesis al respecto.

Hay otros signos que han podido interpretarse más fácilmente. Entre ellos hay dos posibles fracturas, cuyo diagnóstico definitivo está pendiente de la realización del estudio radiográfico. También se ha encontrado un caso con un signo de enfermedad tumoral: un osteoma en botón en el parietal derecho del individuo excavado en la Tumba 7. Se trata de un tipo de tumor benigno que también se encuentra frecuentemente en los estudios sobre poblaciones arqueológicas.

Aunque todos los signos descritos se han referido a los individuos adultos no es porque los no adultos, que son mayoría, no dispongan de ninguno de ellos, sino que su determinación es mucho más complicada y requerirán estudios más profundos en el futuro próximo.

Entre otros trabajos también en curso hay que citar que se están aplicando técnicas de análisis más modernas, que a través de la química del hueso podrán proporcionarnos información sobre la dieta de la población. Otras evidencias, como las posibles relaciones de parentesco entre los individuos, están siendo estudiadas a través de técnicas de análisis del material genético, aunque hoy no es posible avanzar los resultados obtenidos, que todavía son preliminares.

Evidentemente queda mucho por saber sobre este grupo humano desde el punto de vista de la arqueobiología, pero confiamos en que futuras campañas de excavación permitirán aumentar el número de individuos disponibles y que las conclusiones preliminares aquí presentadas puedan ser confirmadas.

EL ADN APLICADO A LA ARQUEOLOGÍA: PROPUESTA DE ANÁLISIS GENÉTICO SOBRE LOS INDIVIDUOS VISIGODOS DE EL REBOLLAR

SARA PALOMO-DÍEZ*,
JAVIER SALIDO DOMÍNGUEZ**

La concesión de un proyecto financiado por la Fundación PALARQ en el año 2022 nos ha permitido realizar analíticas de ADN sobre cinco individuos pertenecientes a dos periodos diferentes del yacimiento. Solamente los tres correspondientes al periodo tardoantiguo (Fase 1), fechados entre la segunda mitad del siglo VII d. C. y mediados del VIII d. C., se encuentran en la nave de la iglesia tardoantigua. Son las tumbas más destacadas tanto por el tipo de tumba como por el ajuar o depósito que los acompaña. Se trata de la tumba 4 donde se hallaron dos individuos (adulto y juvenil) y la tumba 6 con un individuo adulto.

En el interior de la tumba 4 se depositaron dos individuos de sexo masculino (UE 2043) (fig. 1) (Salido *et al.*, 2023). El individuo adulto se hallaba en posición decúbito supino extendido con una talla estimada de 1,71 m. El análisis de datación radiocarbónica de los restos óseos, perfectamente conservados y en conexión anatómica, a excepción de la columna vertebral, permitieron fechar este individuo entre los años 656 y 725 d. C. (calibración 2s, 95% probabilidad). Está acompañado de una botella de doble asa. El otro individuo, juvenil (edad estimada de 15 años ± 3 años), se halla recogido por encima de la sección inferior del primer individuo y ofrece una datación por C-14 de entre 669 y 778 d. C. (calibración 2s, 95% probabilidad). Ambos presentan un excelente estado de conservación por ausencia casi total de sedimento; se recuperaron hasta cartílagos, como el tiroides. El objetivo del proyecto es tratar de conocer la relación de parentesco de ambos individuos.

La tumba n.º 6 corresponde a otro sarcófago de un individuo adulto situado en el centro de la nave,

* Dpto. de Medicina Legal, Psiquiatría y Patología. Facultad de Medicina, Universidad Complutense de Madrid.
** Departamento de Prehistoria y Arqueología. Universidad Autónoma de Madrid.

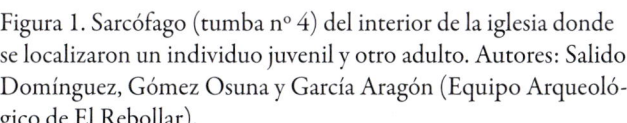

Figura 1. Sarcófago (tumba nº 4) del interior de la iglesia donde se localizaron un individuo juvenil y otro adulto. Autores: Salido Domínguez, Gómez Osuna y García Aragón (Equipo Arqueológico de El Rebollar).

Figura 2. Sarcófago (tumba nº 6) del interior de la iglesia con un individuo adulto. Autores: Salido Domínguez, Gómez Osuna y García Aragón (Equipo Arqueológico de El Rebollar).

ligeramente ubicado hacia el este, próximo a la cabecera y junto a un muro que divide la iglesia en antecoro y coro (fig. 2). Se pudo recuperar el esqueleto de individuo adulto masculino colocado en posición decúbito supino extendido. Presenta la extremidad superior derecha sobre el abdomen y la mano izquierda bajo el fémur izquierdo. El análisis radiocarbónico ha fechado el individuo entre los años 662 y 731 d. C. (calibración 2s, 95% probabilidad). Asociado a este individuo se han localizado dos anillos que son anali-

zados en relación al ajuar funerario (UE 2050) (Salido *et al.*, 2023).

La analítica de estos tres individuos nos permitirá conocer si existe algún tipo de relación de parentesco biológico entre los dos individuos inhumados de forma conjunta en la tumba 4 y entre estos dos y el individuo de la tumba 6. Para ello se ha llevado a cabo en primer lugar un análisis genético de marcadores autosómicos (ADN nuclear), ya que son marcadores genéticos que heredamos al 50% de nuestro padre y al 50% de nuestra

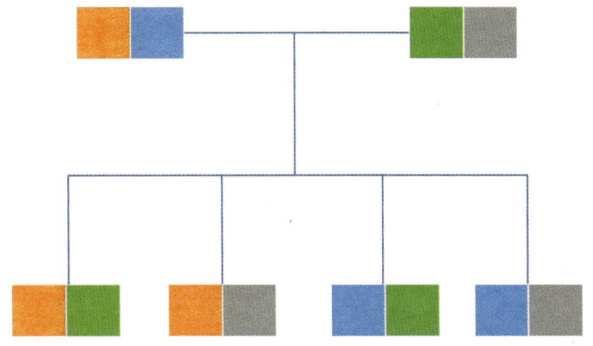

Figura 3. En la figura podemos observar un esquema del mecanismo de herencia de este tipo de marcadores. Los dos cuadrados representan los dos alelos de un marcador STR autosómico de un individuo, cada color indica una variante diferente de ese marcador. Podemos observar las posibles combinaciones de alelos en la descendencia del cruce entre dos individuos genéticamente distintos. Autora: Sara Palomo-Díez.

madre (fig. 3) (Gomes *et al*., 2022) y, por tanto, nos permiten conocer si dos personas pueden mantener un vínculo familiar cercano. Concretamente se han utilizado kits comerciales que han ofrecido resultados favorables en otros casos arqueológicos (Palomo-Díez *et al*., 2018; Gomes *et al*., 2020).

En segundo lugar, el análisis se extiende al estudio del ADN mitocondrial, al cual recurrimos cuando el ADN nuclear no se encuentra en buen estado de conservación (tal como ha ocurrido en este caso). El ADN mitocondrial es un tipo de ADN que se hereda inalterado de madres a hijos e hijas, de modo que, si los individuos compartieran el mismo ADN mitocondrial, podríamos decir que pertenecen al mismo linaje materno (Palomo-Díez y López-Parra, 2022; Gomes *et al*., 2022) (fig. 4). En este caso concreto, se han ob-

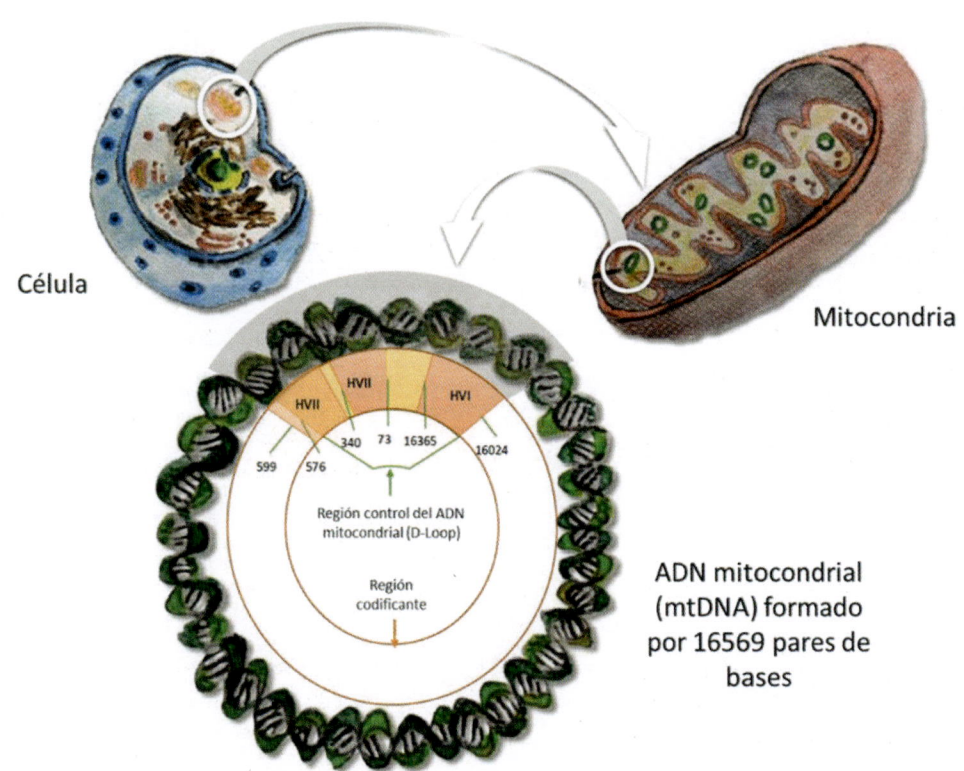

Figura 4. Esquema de la localización del ADN mitocondrial dentro de una célula. Fuente: Palomo-Díez and López-Parra, 2022.

tenido perfiles de ADN mitocondrial diferentes en cada uno de los tres individuos, lo cual indica que no existe vínculo biológico a través del linaje materno entre los tres esqueletos exhumados en las tumbas 4 y 6. Esto nos indicaría que el hecho de que los dos individuos de la tumba 4 estén inhumados de forma conjunta no se debe a ningún tipo de vínculo familiar por linaje materno, no pudiendo descartar que exista algún vínculo a través de su linaje paterno.

Por otro lado, y tanto para los individuos de la tumba 4 como de la tumba 6, el estudio de ADN mitocondrial también permitirá conocer los haplogrupos mitocondriales de pertenencia de cada individuo (Palomo-Díez y López-Parra, 2022), que podrán aportar información interesante sobre el origen biogeográfico de estas personas, y permitirán realizar comparaciones respecto de otras poblaciones contemporáneas a ellos.

Finalmente, otra vía de estudio que se abordará, y sobre la cual aún no hay resultados suficientes es el análisis de marcadores asociados a la apariencia física de los individuos (caracteres fenotípicos). Concretamente se llevará a cabo la amplificación de marcadores genéticos indicativos del color de ojos, piel y cabello, para tratar de acercarnos un poco más a la apariencia real de aquellas personas. Para ello, utilizaremos los marcadores genéticos correspondientes que ya han sido puestos a prueba en otros casos de interés arqueológico por nuestro equipo de trabajo, tal como se demostró en el caso de la investigación sobre la momia de la Infanta Doña Leonor de Castilla (Palomo-Díez *et al.,* 2023).

Para llevar a cabo todo el proceso de análisis se han seleccionado dos muestras esqueléticas de cada uno de los individuos exhumados, para poder llevar a cabo el proceso experimental por duplicado, requisito fundamental para replicar los resultados y validar su solidez. En la figura 5, se muestran las fotografías de las muestras seleccionadas para el análisis genético.

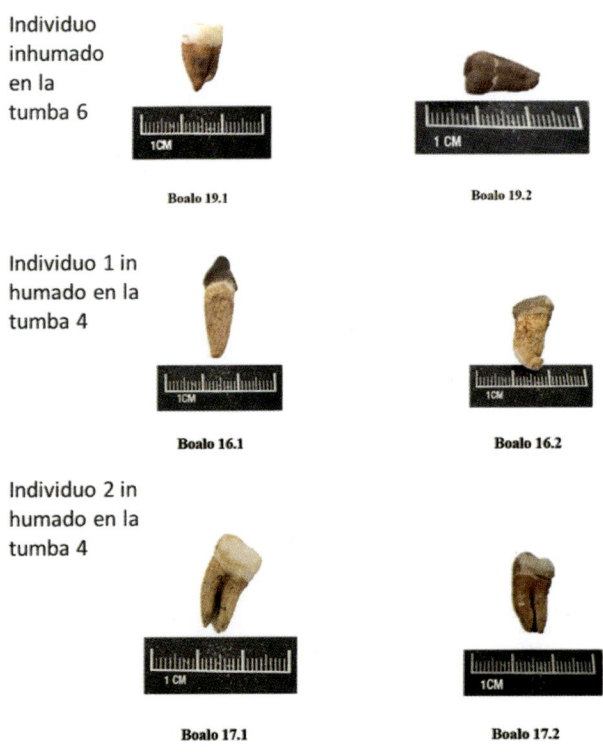

Figura 5. Relación de muestras seleccionadas para el análisis genético de los 3 individuos. Aparece la denominación que se aportó para cada muestra dentro del laboratorio. En el caso del individuo exhumado de la tumba 6 se le denomino individuo Boalo 19, llamando boalo 19.1 a la muestra 1 de dicho individuo y Boalo 19.2 a la segunda muestra. En el caso de los dos individuos inhumados en la tumba 4, se les denominó Boalo 16 y Boalo 17 respectivamente. Autora: Sara Palomo-Díez.

Los análisis se están llevados a cabo en el Laboratorio de Genética Forense y Genética de Poblaciones ubicado en el Departamento de Medicina Legal, Psiquiatría y Patología de la Facultad de Medicina de la Universidad Complutense de Madrid y, aunque por el momento son preliminares, esperamos poder ampliar el conocimiento sobre las características biológicas de estos individuos.

DESPUÉS DEL ABANDONO DE LA IGLESIA VISIGODA: EL LUGAR COMO REFERENCIA DEL PAISAJE

JAVIER SALIDO DOMÍNGUEZ*,
RUBÉN-LOT GARCÍA LERGA**,
ROSARIO GÓMEZ OSUNA***,
ELVIRA GARCÍA ARAGÓN***,

* Departamento de Prehistoria y Arqueología. Universidad Autónoma de Madrid
** Investigador. Proyecto AEI/1013039/501100011033.
*** Arqueóloga. Equipo A de Arqueología.

Tras la conquista musulmana de la península ibérica se produce un abandono de este enclave, ya que hasta el momento no hemos documentado niveles arqueológicos con material islámico asociado, a excepción de un conjunto de moneda emiral que analizaremos a continuación.

No será, por tanto, hasta la conquista cristiana de estos territorios cuando se vuelva a ocupar este antiguo asentamiento de época visigoda. A partir de finales del siglo XIV e inicios del XV se reaprovecha la antigua iglesia visigoda, que ya se encontraba en estado de ruina, y se reedifica sobre ella una nueva iglesia.

Como ya hemos indicado, los únicos restos materiales del periodo islámico que hemos documentado es un pequeño conjunto formado por cinco monedas del siglo IX d. C. Se hallaba en el nivel más reciente de un relleno de cascajo que servía como suelo de la iglesia y también para cubrir las tumbas visigodas del interior del edificio.

Es importante recordar que la llegada de los musulmanes a la península Ibérica conlleva un cambio en el tipo de moneda circulante. La moneda visigoda del periodo anterior se basaba en un patrón monometálico, es decir, que toda la moneda acuñada por el reino visigodo está realizada en un solo metal: el oro, cuya unidad de cuenta será el tremís, heredado del antiguo impero romano y equivalente a ⅓ del sólido áureo. Por el contrario, los musulmanes adoptan un patrón trimetálico en oro, plata y bronce, cuyas monedas serán el dinar, el dírham y el felús, respectivamente. El modelo trimetálico del estado Omeya surge a partir del contacto del mundo musulmán con los imperios bizantino y sasánida. Del primero de ellos surgieron el felús y el dinar, como derivados islámicos del *solidus aureus* y del *follis*. Del mundo sasánida tomaron el *drahma* y lo adaptaron para crear el dírham.

Las piezas recuperadas durante el proceso de excavación presentan la clásica distribución de los dírhams emirales, adoptada tras la reforma de 'Abd al-Malik, con leyenda central en tres líneas con la profesión de fe musulmana: "No hay más Divinidad que / Dios, Único / no tiene asociado". Alrededor contienen una leyenda marginal con la referencia de ceca y fecha: "En el nombre

de Dios fue acuñado este dírham en al-Andalus en el año (año de acuñación)". En el centro del reverso se aprecia una leyenda central en cuatro líneas con los versículos 1 al 4 de la Sura 112 del Corán: "Dios es Uno, Dios / es eterno. No ha engendrado / ni ha sido engendrado. No tiene / semejante a Él" y, alrededor, una leyenda marginal con el versículo 9 de la Sura 61 del Corán: "Mahoma enviado de Dios, le mandó con la dirección y la religión verdadera para que prevalezca sobre toda otra religión a despecho de los asociadores" (Medina, 1992: 78-82).

Las monedas de El Rebollar aparecieron muy próximas entre sí y dos de ellas (fig. 2, n.ᵒˢ 1 y 2) se encontraban adheridas por corrosión. Durante el proceso de excavación no se pudo identificar evidencias de un posible hoyo realizado en el relleno de cascajo anteriormente descrito para la ocultación de este conjunto monetario, por lo que no se puede asegurar con certeza si se trata de una pérdida casual o si, por el contrario, las monedas fueron depositadas intencionadamente con el fin de ocultarlas temporalmente para recogerlas más adelante. Afortunadamente para nosotros esto, como se puede comprobar, no sucedió y las hemos podido localizar en su contexto, aportando información importante sobre el abandono de la iglesia.

Figura 1. Posición in situ de los numismas en la UE 2011. Autores: Salido Domínguez, Gómez Osuna y García Aragón (Equipo Arqueológico de El Rebollar).

Tampoco se hallaron asociados a las monedas restos de ningún recipiente cerámico, por lo que debieron estar recogidas en el interior de un contenedor confeccionado con material orgánico, como tela o cuero, probablemente algún tipo de saquito para transportarlas del que no se ha conservado ningún resto.

Los dírhams localizados en El Rebollar, El Boalo, presentan una cronología comprendida entre 195 y 202

H./810-818 d. C., por lo que se encuadran en el gobierno de al-Ḥakam I, el tercer emir independiente de Córdoba (fig. 2 y tabla 1). Aunque se trata de un conjunto poco voluminoso en comparación con otros de la misma cronología, proporciona una información numismática e histórica significativa, dada su singularidad, su fácil lectura, el excelente estado de conservación y el hecho de que se trate de monedas poco frecuentes en el centro peninsular.

Figura 2. Anverso y reverso de los dirhams de El Rebollar después de los trabajos de restauración del SECYR. Autores: Salido Domínguez, Gómez Osuna y García Aragón (Equipo Arqueológico de El Rebollar)/ García Lerga. Fotografías: SECYR. Digitalización: Salido Domínguez.

N.º	UE	N.º inventario	Peso antes de la restauración (g)	Peso después de la restauración (g)	Diámetro (mm)	Eje de cuños	Ceca	Módulo (mm)	Referencia Vives	Datación
1	2011	2018/39/66	2,44	2,44	25	8h	Al-Andalus	≤ 1	V-95	195 H. / 810-811 d. C.
2	2011	2018/39/67	2,66	2,68	26	5h	Al-Andalus	≤ 1	V-99	196 H. / 811-812 d. C.
3	2011	2018/39/69	2,12	2,13	24	6h	Al-Andalus	≤ 1	V-101	197 H. / 812-813 d. C.
4	2011	2018/39/68	2,36	2,35	25	7h	Al-Andalus	≤ 1	V-106	199 H. / 814-815 d. C.
5	2011	2018/39/70	2,51	2,51	27	7h	Al-Andalus	≤ 1	V-114	202 H. / 817-818 d. C.

Tabla 1. Monedas del conjunto de El Boalo ordenadas según número de inventario. Autores: Salido Domínguez, Gómez Osuna y García Aragón (Equipo Arqueológico de El Rebollar)/García Lerga.

Los dírhams recuperados fueron acuñados en la ceca al-Andalus. Se trata de ejemplares con una tipología muy uniforme, diferenciándose unos de otros tan sólo en los elementos decorativos que presentan y en la referencia de fecha.

Como se puede apreciar, para su clasificación se ha elaborado una tabla-resumen en la que se indica el número de cada ejemplar, la unidad estratigráfica en la que fue recuperado (U.E.), el peso final tras su restauración, las referencias de ceca y de fecha, indicando tanto el año de la Hégira como el año cristiano y, por último, la referencia bibliográfica de clasificación, en la que se ha indicado su referenciación a partir de los catálogos de A. Vives y Escudero (1893) y R. Frochoso (2009) (tabla 1).

De entre todas ellas hay que destacar el dírham 5, ya que presenta un fallo de escritura en el numeral de

Figura 3. Mapa de distribución de los hallazgos de la primera época que presentan fechas de cierre en el periodo de al-Hakam I (180-206 H/ 796-822 d. C.). Autores: Equipo Arqueológico de El Rebollar (El Boalo)/ García Lerga. Digitalización: Salido Domínguez.

la fecha, al carecer del *alif* inicial. Desconocemos si esta falta de ortografía responde a un despiste por parte del abridor de cuño, a un deficiente conocimiento de la escritura árabe o, más probablemente, a una variante dialectal muy común en diferentes regiones de influencia árabe en la que figura la escritura del numeral "dos" sin la *alif* inicial, adquiriendo la forma *tantayn* (Peña y Vega, 2007: 161 y 171). También de esta pieza hay que reseñar que se trata de un ejemplar, cuya variante no se encuentra recogida ni en el catálogo de Vives (1893: 13), ni en el reciente estudio sobre el dírham emiral realizado por Frochoso (2009: 137), al presentar arquito con punto interior y no arquito invertido con punto interior como suele ser habitual en las monedas de este año.

De acuerdo con la caracterización de hallazgos monetarios de cronología emiral documentados en la península ibérica realizada por F. Martín Escudero (2015), el conjunto de monedas recuperadas en la iglesia de El Rebollar se encuadra en los denominados "hallazgos de la primera época", que engloba los depósitos ocultos entre los gobiernos de 'Abd al-Raḥmān I y al-Ḥakam I (Martín Escudero, 2015: 178).

Los hallazgos de la primera época que, al igual que el conjunto de El Rebollar, presentan fechas de cierre en el gobierno de al-Ḥakam I (180-206 H./796-822 d. C.), corresponden a los conjuntos de Córdoba depositado en el MAN (Canto, 1988: 147-162), Córdoba-c/ 12 de octubre (Marcos y Vicent, 1993: 210-211; Canto 2007a: 18), Antequera (Málaga) (Gozalbes y Ayala, 1995-1996: 235-242), Pinos Puente (Granada) (Martín Escudero, 2011: 121-123), La Alcornocosa (Villaviciosa de Córdoba) (Alfaro Asíns, 1993: 48; Marcos y Vicent, 1993: 194-197; Peña y Vega, 2007: 147-202, Canto, 2007b: 18-20, entre otros), Burriana (Castellón) (Doménech, 2003: 118-120), Mérida-Teatro Romano (Badajoz) (Segovia y Velázquez, 2011: 795-816), Cerro de la Almagra (Mula, Murcia) (González y Fernández, 2018: 81-119), a los que habría que añadir el propio conjunto de dírhams de El Boalo, lo que eleva hasta nueve el total de tesorillos de esta cronología en suelo peninsular.

De estos hallazgos, el conjunto de El Rebollar constituye el menos numeroso, junto con el localizado en el Cerro de la Almagra (Mula, Murcia), ambos con cinco dírhams cada uno. Respecto a su localización geográfica, el hallazgo de El Rebollar es, hasta la fecha, el conjunto más septentrional de todos los conocidos para el gobierno de al-Ḥakam I y el único localizado en la Comunidad de Madrid (fig. 3).

Sobre el hecho de si se trata de una ocultación intencionada o una pérdida casual, el contexto más parecido al caso de El Rebollar (El Boalo) es, como se ha indicado anteriormente, el del Cerro de la Almagra (Mula, Murcia) donde se hallaron en el interior de la iglesia tardoantigua cinco dírhams fechados en los años 821-822 d. C. En este caso, fueron interpretadas como pérdida casual (González Fernández y Fernández Matallana, 2018: 103). A esto habría que añadir que durante los trabajos arqueológicos realizados en El Rebollar tampoco se identificó ningún hoyo en el relleno de tierra que formaba el suelo de la antigua iglesia y que pudiera relacionarse con un lugar de ocultación realizado de manera premeditada. No obstante, sobre esta última cuestión hay que matizar que, el hecho de realizar un hoyo de pequeño formato en el suelo y volverlo a tapar con la misma tierra hace muy difícil que pueda diferenciarse a simple vista, por lo que tampoco sería una hipótesis del todo descartable una deposición intencionada. A este argumento hay que añadir que dos de los dírhams se encontraban unidos por corrosión de óxido, lo que indica que estaban juntos, mientras que el resto se encontraban muy cerca unos de otros. Por tanto, tampoco sería descabellado apuntar a una ocultación premeditada de este pequeño conjunto.

No obstante, el hecho de que se depositaran intencionadamente o se perdieran de forma casual no parece lo más importante, sino que este hecho se produjo en un momento en el que la iglesia visigoda se encontraba ya en estado de abandono, en virtud de la estratigrafía documentada, tanto para el edificio como para el tesorillo, cuya deposición hay que fechar en un momento posterior a la de la fecha de acuñación de la moneda más reciente, esto es, a partir del 202 H./817-818 d. C. Así pues, su cronología se enmarca en la primera mitad del siglo IX d. C., periodo que coincide con el proceso paulatino de abandono generalizado que se produce en los asentamientos rurales del territorio septentrional del distrito toledano (Vigil-Escalera, 2009: 197) y con el periodo de inestabilidad política que se produce en la Marca Media a partir levantamiento de Toledo entre los años 201 y 205 H. / 816 y 821 d. C. Esta revuelta trajo consigo la entrada de fugitivos procedentes de Córdoba, lo que produjo un aumento de la tensión entre la capital de la Marca Media y el emir, que tuvo como consecuencia el envío de tropas emirales a Toledo y su entorno (Frochoso, 2009: 62-64).

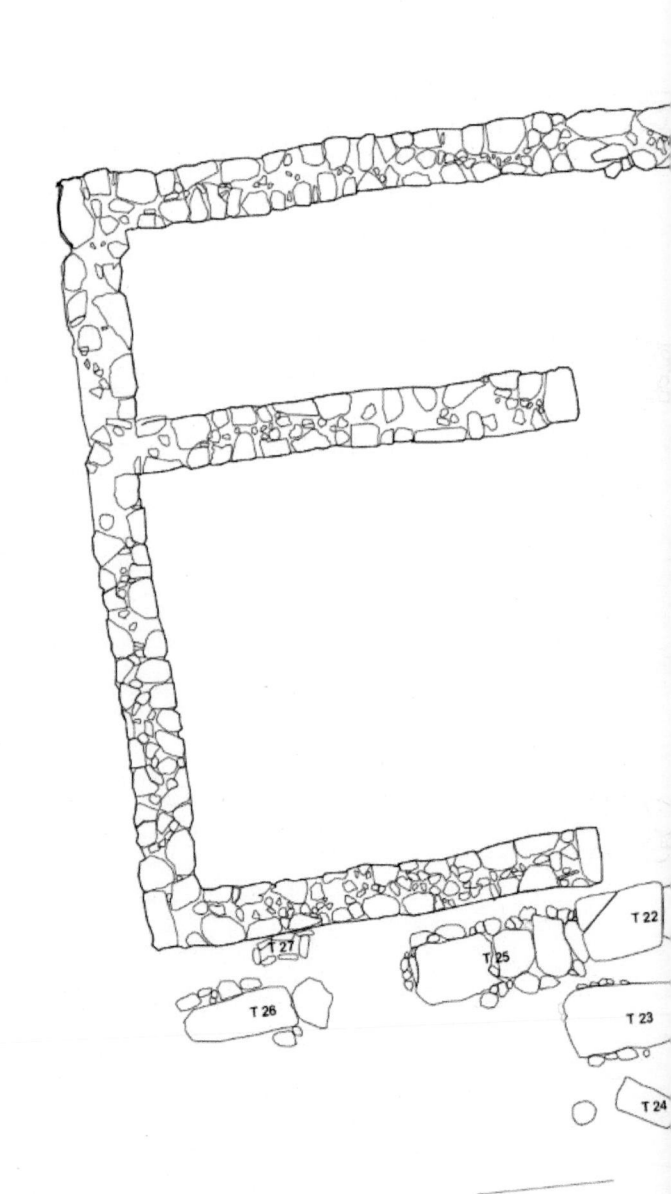

LA REOCUPACIÓN DE LA IGLESIA VISIGODA:
RECONSTRUCCIÓN Y AMPLIACIÓN EN EL PERIODO BAJOMEDIEVAL Y MODERNO

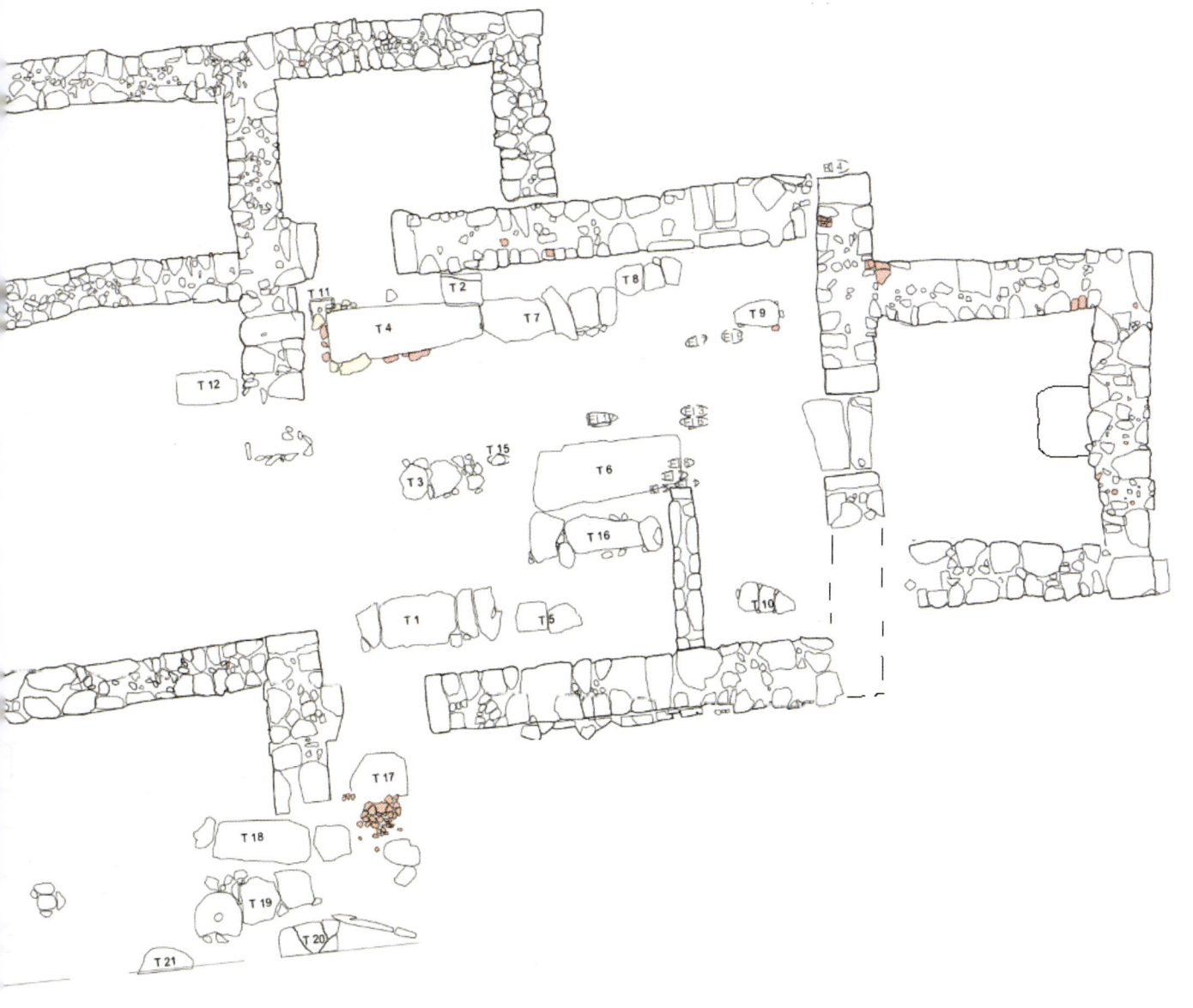

LA SITUACIÓN POLÍTICA Y LA REORGANIZACIÓN DEL TERRITORIO EN ÉPOCA BAJOMEDIEVAL Y MODERNA

EDUARDO JIMÉNEZ RAYADO*,
ALICIA MONTERO MÁLAGA**,
ROBERTO QUIRÓS ROSADO***

La Sierra de Guadarrama, territorio de conflicto a finales de la Edad Media

El territorio que hoy compone la Comunidad de Madrid era, a la altura de la Baja Edad Media, una amalgama de tierras pertenecientes a diferentes instituciones castellanas, como resultado de conquistas, concesiones y conflictos. En primer lugar, las tierras de realengo, es decir, aquellas pertenecientes al rey y que eran cedidas para su administración a ciudades y villas, en este caso, la villa de Madrid y la ciudad de Segovia, a las que se sumaba Toledo, que tenía bajo su jurisdicción la pequeña población de Móstoles. En segundo lugar, se encontraban los territorios que pertenecían a diferentes familias nobiliarias, entre ellas, la de los Mendoza, Arias Dávila, Álvarez de Toledo y Chacón. A ellas se unían las tierras que formaban parte del patrimonio eclesiástico,

repartidas entre el arzobispado de Toledo y el obispado de Segovia. Finalmente, la Orden Militar de Santiago contaba con posesiones al sur y sureste (entre Aranjuez y Estremera) más el área de Paracuellos. Todo ello constituía un mosaico de diferentes tierras jurisdiccionales que se diseminaban por la actual comunidad autónoma, no siempre con los límites bien definidos, lo que podía conllevar conflictos entre las diferentes entidades. Precisamente el actual municipio de El Boalo-Cerceda-Mataelpino se encuentra en un área que fue tierra de disputa durante los siglos centrales y finales del periodo medieval, desde que a finales del siglo XI todo el territorio, perteneciente hasta entonces al reino islámico de Toledo, pasara a manos castellanas tras su conquista por parte del rey de León y de Castilla, Alfonso VI.

El conflicto que tuvo lugar en este territorio lo protagonizaron, originalmente, dos municipios. De un

* Departamento de Artes y Humanidades. Universidad Rey Juan Carlos.
** Departamento de Historia Antigua, Medieval, Paleografía y Diplomática. Universidad Autónoma de Madrid.
*** Departamento de Historia Moderna. Universidad Autónoma de Madrid.

lado, la villa de Madrid, modesta ciudad de origen y tradición andalusí que buscaba confirmar su dominio sobre un área sobre la que posiblemente había ejercido influencia durante el periodo anterior a la conquista. Del otro, Segovia, ciudad de mayor entidad y cuyas milicias habían participado en la conquista del territorio, que pretendía ahora, como recompensa, ampliar sus dominios al sur de la sierra y configurarse así como una de las grandes ciudades castellanas. De hecho, ya había logrado incorporar a su Tierra algunos territorios del oeste y sur de la actual Comunidad agrupados en tres grandes divisiones administrativas: al norte, el sexmo de Valdelozoya (desde la aldea de Lozoya y Rascafría, hasta Bustarviejo y Navalafuente), al oeste el sexmo de Casarrubios (desde San Lorenzo de El Escorial hasta Casarrubios del Monte), y al sur el sexmo de Valdemoro (con localidades como Chinchón, San Martín de la Vega o Ciempozuelos), si bien este último sexmo pasaría a finales del siglo XIV a manos del arzobispado de Toledo. Por su parte, Madrid había incorporado a sus tierras las situadas en sus alrededores, organizadas en los sexmos de Aravaca (desde Las Rozas y Boadilla del Monte hasta Alcorcón), de Villaverde (al sur de la Villa, con localidades como Fuenlabrada, Getafe o Villaverde) y de Vallecas (con territorios al sureste, este y noreste, desde Vaciamadrid, Vallecas y Vicálvaro, hasta Canillas, Barajas y La Moraleja).

La situación al sur de la sierra, en el área comprendida entre las actuales localidades de Navacerrada, Guadarrama, Manzanares y Colmenar, resultaba, sin embargo, algo más confusa. Los sucesivos reyes castellanos mantuvieron una postura de cierta ambigüedad a la hora de decidir cuál de las dos localidades, Madrid o Segovia, debía recibir los derechos sobre un territorio rico en recursos naturales. La consecuencia fue un largo conflicto entre ambas poblaciones. En los primeros momentos entró en juego la mayor capacidad económica y poblacional de Segovia, que le permitió tomar la iniciativa y hacerse con el control de la zona a través de varias oleadas repobladoras. Gracias a estas fueron apareciendo las primeras localidades de cierta entidad como Manzanares y Colmenar. Madrid, sin embargo, no renun-

ciaría y a medida que iba tomando mayor entidad, reivindicaba con cada vez mayor fuerza lo que consideraba sus derechos sobre el territorio. Ello se traducía en que parte de su vecindario entraba en ese territorio para explotar sus recursos, generando conflictos con la población de origen segoviano y atacando en ocasiones diferentes infraestructuras que esta había ido levantando en su proceso repoblador.

El conflicto se enconó hasta que en el siglo XIII, el rey castellano Alfonso X tomó cartas en el asunto y decidió aglutinar todo el territorio de la sierra y sus localidades en una sola entidad jurídica, que no iría ni para Madrid ni para Segovia, sino para la explotación directa del rey: el Real de Manzanares. De esta manera, desde la Corte se intentaba persuadir a ambas localidades para que cejaran en su empeño de intervenir en el lugar. Sin embargo, ninguna de ellas se rindió. Segovia inició una segunda fase de repoblación, en esta ocasión aumentando las tierras puestas para el cultivo, con el fin de consolidar así sus núcleos poblacionales. Sin embargo, con el paso del tiempo, la ciudad castellana pareció perder paulatinamente el interés y acabó por olvidarse de la zona.

No lo hizo Madrid, que siguió reivindicando el derecho de su población durante los dos siguientes siglos. Si la creación del Real de Manzanares impedía que el territorio fuera incluido entre sus dominios, al menos, debía tener derecho a explotar sus recursos. Estas reivindicaciones se intensificaron desde mediados del siglo XIV, cuando el Real, tras haber pasado por diferentes manos, acababa siendo incorporado al patrimonio de la familia Mendoza, por concesión del rey Juan I de Castilla. Este era un episodio más dentro de las continuas regalías que la familia fue recibiendo por parte de los reyes Trastámara como recompensa por su apoyo desde su llegada al trono castellano, tras la usurpación de Enrique II a Pedro I. Ahora, el hijo del primer rey Trastámara cedía en 1368 el extenso señorío del Real de Manzanares, junto a un segundo señorío, el de Buitrago, a los Mendoza, en manos en ese momento de Pedro González de Mendoza.

A pesar del poderío de los nuevos propietarios, Madrid no se amilanó, y durante todo el siglo XV continuó peleando por disfrutar de los recursos del señorío. Lo pudo hacer gracias a que, por un lado, ya se había convertido en una villa de cierta entidad y, por otro, y, sobre todo, porque contaba con el respaldo de los diferentes reyes castellanos, especialmente Enrique IV y, poco después, Isabel y Fernando, quienes habían hecho de Madrid una de sus localidades predilectas. De esta manera, la villa lograba que fueran reconocidos sus derechos de explotación de algunos de los recursos naturales del Real de Manzanares, a pesar de que la titularidad seguiría en manos de los Mendoza. Ese reconocimiento, no obstante, no significó el fin de los conflictos surgidos entre el vecindario del Real y los llegados desde la villa madrileña.

Detrás del conflicto estaban las ovejas

Si bien el territorio al sur de la sierra no destacó en el periodo medieval, como veremos, por su potencial poblacional, sí lo hizo por sus recursos naturales, hasta el punto de convertirse en la causa fundamental del largo conflicto mencionado. El territorio ofrecía abundantes recursos de explotación directa como la pesca en sus cursos fluviales y la leña, obtenida de sus frondosos bosques. Pero, sobre todo, ofrecía un terreno propicio para el ganado. Esta fue la verdadera clave del sempiterno conflicto: sus prados beneficiarían enormemente el desarrollo de ganadería, en un momento en el que el comercio lanar vivía una extraordinaria actividad. Segovia, Madrid y posteriormente la familia Mendoza ansiaban utilizar estas tierras para ampliar sus rebaños. A ello había que sumar, a finales de la Edad Media y, sobre todo en la Edad Moderna, el aumento del uso del carbón para su combustión. Esta explotación directa de los recursos naturales del territorio, así como la disposición del paisaje, supusieron un cierto obstáculo para el desarrollo de la agricultura. Esta solo vivió un cierto avance a finales del siglo XIII cuando, por iniciativa de Segovia, se pusieron a roturar un conjunto de parcelas cercanas a las localidades ya existentes. Sin embargo, más que convertir el paisaje en tierras de cultivo, esta iniciativa buscaba fundamentalmente consolidar la población que

había llegado unas décadas antes a la zona y hacerse así con un mayor control sobre el territorio. De hecho, poco después esta política transformadora no encontró continuidad con la llegada de la familia Mendoza durante el siglo siguiente, pues aquella se mostró más interesada en su explotación para el ganado.

El escaso desarrollo de la agricultura condicionó el tipo de población de la zona, pues la poca disponibilidad de tierras para el cultivo impidió el surgimiento de localidades de gran tamaño, dando origen a esa dispersión poblacional característica de la zona.

Evolución demográfica del territorio: de la crisis de la Peste Negra a la recuperación.

Zona fundamentalmente de paso, se trataba de una tierra de población muy dispersa hasta prácticamente el siglo XII, cuando surgieron las primeras localidades de cierta entidad, como resultado de la acción repobladora que puso en marcha Segovia para hacerse con el control de la zona. Entre estos primeros núcleos destacarían Manzanares y Colmenar Viejo, principales localidades de la zona durante todo el periodo medieval, que, sin embargo, no pasarían de ser de pequeña-mediana entidad. Junto a ellas surgieron entonces más de cuarenta núcleos poblacionales, entre los que se encontraba Cerceda, pequeña aldea cuyos habitantes posiblemente se dedicaran a roturar las tierras asignadas a cambio de poblar el área. Durante las siguientes décadas se registró un crecimiento demográfico continuado, que fomentó la creación de nuevos núcleos poblacionales como Mataelpino hasta superar las cincuenta localidades. Sin embargo, este crecimiento se frenó drásticamente a mediados del siglo XIV. Fue entonces cuando confluyeron dos catástrofes humanas en el centro peninsular. Por un lado, el primer gran brote de peste negra, que golpeó la zona entre 1349 y comienzos del siglo XV. Por otro, la guerra dinástica entre el rey castellano Pedro I y pretendiente Enrique de Trastámara (1351-1369). El resultado fue la reducción de entre el 40 y el 50 por ciento de la población del territorio, muy similar al resto de Castilla, y la desaparición de un 60 por ciento de las localidades que habían surgido en el periodo anterior. Sin embargo, detrás del descenso en el número de lugares no solo respondió a una mengua demográfica, sino también a un proceso de reagrupación poblacional hacia determinadas localidades, que lograron así paliar la gran mortalidad con la llegada de nuevas familias procedentes de otros lugares, que sí fueron abandonados. Sea como fuere, a finales del siglo XIV se contabilizaban apenas una veintena de núcleos poblacionales. Sin embargo, ya a esas alturas se había iniciado una cierta recuperación demográfica, impulsada fundamentalmente por los nuevos dueños del territorio: la familia Mendoza.

Los Mendoza y el patrocinio de obras

La presencia de la nobleza en Madrid es notable desde mediados del siglo XIV, los marqueses de Moya en Chinchón, los Zapata en Barajas, los Lujanes y Vargas en la propia villa, los Toledo en Cubas y Griñón, los Arias Dávila en Torrejón de Velasco, Puñonrostro, Pedrezuela o San Agustín de Guadalix y los Mendoza en la Transierra con sus territorios como Buitrago o El Real de Manzanares, señorío al que se incorporaría El Boalo.

Este linaje de la alta nobleza destacó por su importancia dentro del devenir político del reino castellano. A mediados del siglo XV, el titular del linaje, Iñigo López de Mendoza, se había convertido en I marqués de Santillana, I conde del Real de Manzanares y señor de Guadalajara, Gumiel de Izán, las Asturias de Santillana, la Vega, Campoo de Suso, Campoo de Yuso y Campoo de En Medio. Poco después, sus descendientes fueron nombrados duques del Infantado por los Reyes Católicos, obteniendo de Carlos I el Toisón de Oro.

Aunque no está clara la fecha exacta de incorporación del Real de Manzanares al señorío de los Mendoza, puede afirmarse que, para finales del siglo XIV este territorio ya formaba parte de las propiedades del linaje. Consciente de la importancia económica del Real, desde su llegada, la familia Mendoza llevó a cabo una política que atrajera población al territorio, a través de una

serie de privilegios económicos tanto para sus nuevos habitantes, como para sus localidades, fomentando el crecimiento de sus mercados y logrando organizar ferias. Con ello no solo lograba dinamizar la economía de sus propiedades, sino que fortalecía así también su imagen del buen gobernante. En este mismo sentido los diferentes titulares de la familia Mendoza sufragaron los costes de creación y ampliación de recintos religiosos (iglesias, conventos, capillas, etc.). Posiblemente dentro de este patrocinio hay que entender la ampliación de la ermita en las cercanías de El Boalo, convertida a partir del siglo XV en iglesia, posiblemente para dar respuesta a las inquietudes religiosas del núcleo poblacional próximo que había surgido a lo largo de esa centuria. También bajo patrocinio de los Mendoza comenzaron las obras del edificio más característico y conocido del Real: el castillo-palacio de Manzanares.

De lugar a villa: El Boalo durante la Edad Moderna

La influencia de los duques del Infantado se prolongó durante toda la Edad Moderna. Primero bajo la Casa de Mendoza y, tras diversos enlaces matrimoniales, con los Silva, el señorío jurisdiccional del condado del Real de Manzanares influyó decisivamente en la articulación socioeconómica de esta área serrana y de piedemonte. De hecho, uno de los elementos cohesionadores del territorio fue la consolidación de una intrincada red viaria que permitió el tránsito (y la fiscalización) de personas y bienes entre todas las poblaciones que constituían el Real durante los siglos XVI al XVIII.

Según los itinerarios registrados por el hijo del almirante Cristóbal Colón, el humanista Hernando Colón, la mayor parte de tales caminos tomaban su inicio o pasaban por la villa de Colmenar Viejo. El más relevante era el que se dirigía hacia el Sur, a Toledo, pasando en primer lugar por Fuencarral y la futura corte de Madrid, pero no era de menor importancia el que jalonaba de este a oeste todo el condado en dirección Alcalá de Henares y Segovia, y que se situaba a poca distancia del lugar de El Boalo, atravesando Cerceda, Becerril y Navacerrada. Otras veredas vinculaban estos dos grandes caminos con Manzanares, Chozas (Soto del Real) y Guadalix de la Sierra, tierras todas descritas como de "montes altos de enzinares y baxos y tierras de labrança" o "tierra barrancosa", en particular, en las estribaciones del pico de San Pedro. Incluso, otro autor coetáneo, Pere Joan Villuga, aludía a la existencia de una vía que enlazaba Manzanares el Real con la ciudad de Guadalajara –sede del poder mendocino–, lo que denota el valor dado a la ordenación del territorio en pro del ejercicio de la autoridad aristocrática.

Desde comienzos del siglo XVI, el epicentro del gobierno jurisdiccional del condado abandonó la villa de Manzanares para situarse en Colmenar Viejo. Este viraje hacia las tierras de piedemonte no solo tuvo lugar por la concesión del villazgo –por el rey Fernando el Católico– en 1504, sino por el posterior traslado del corregidor señorial y de los demás oficiales hacendísticos al servicio de los duques. En un tiempo en que las guerras civiles habían cesado y las banderías nobiliarias estaban tocando a su fin, la defensa territorial ejemplificada en el castillo erigido por los Mendoza dio paso a la optimización de los recursos naturales y de la fiscalidad local. De hecho, el III Duque del Infantado, Diego Hurtado de Mendoza y Luna, no construyó en la más poblada Colmenar ninguna defensa, sino una parroquia de grandes dimensiones siguiendo los parámetros platerescos en boga durante el reinado de los Reyes Católicos, en una muestra de su *pietas* cristiana y de la capacidad de mecenazgo de su linaje.

Este cambio conllevó colateralmente a una disminución de la atención mostrada por los duques hacia las poblaciones situadas a los pies de la Pedriza, tanto aquéllas reconocidas con el título de villa, como las aldeas que permanecían vinculadas a la justicia del corregidor de Colmenar Viejo. Durante el resto del siglo XVI y en el siglo XVII, la mayor parte de los registros documentales en torno a El Boalo y sus lugares vecinos denotan cómo sus principales problemas fueron querellas por motivos tributarios, litigios de lindes concejiles y pleitos dirimidos en la audiencia del gobernador del condado del Real. En paralelo, el espacio boaleño

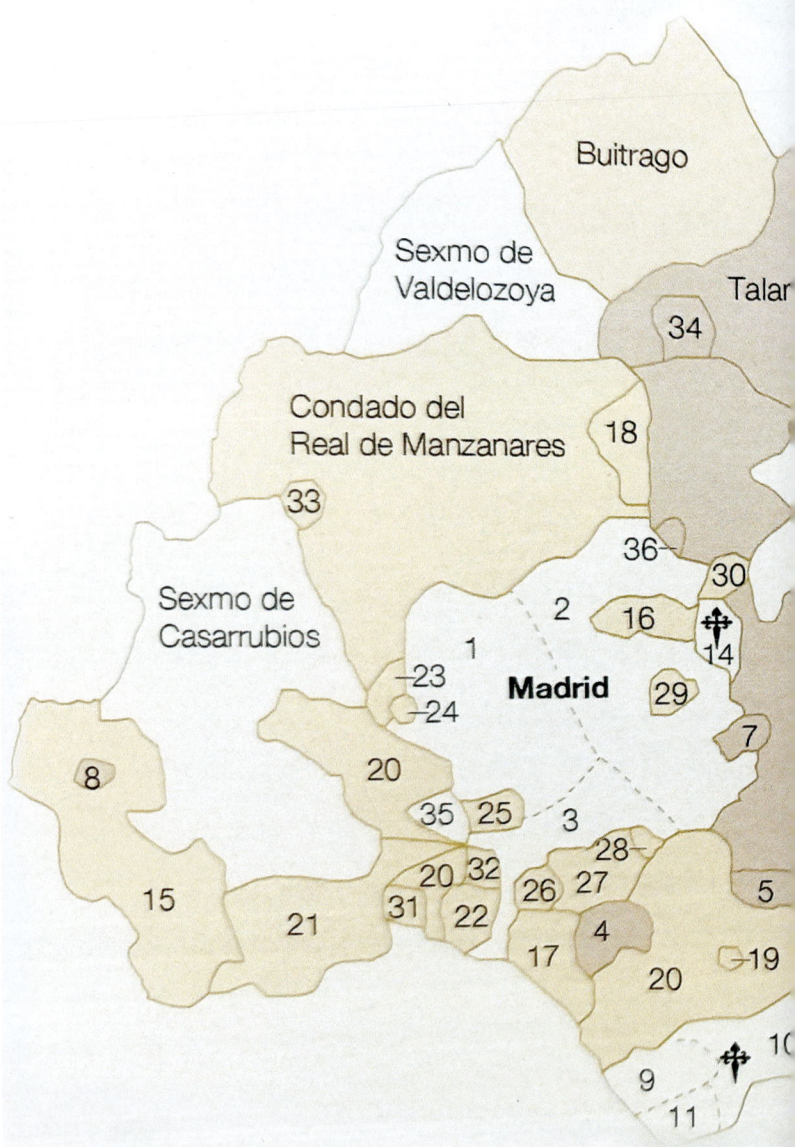

continuó ligado en materia religiosa a la villa de Manzanares. La cercanía geográfica respecto a este antiguo polo de poder mantuvo cohesionada la estructura parroquial originada en el Bajo Medievo, si bien la iglesia subsidiaria de San Sebastián –erigida a fines del Quinientos– ya había comenzado a centralizar la imparti-

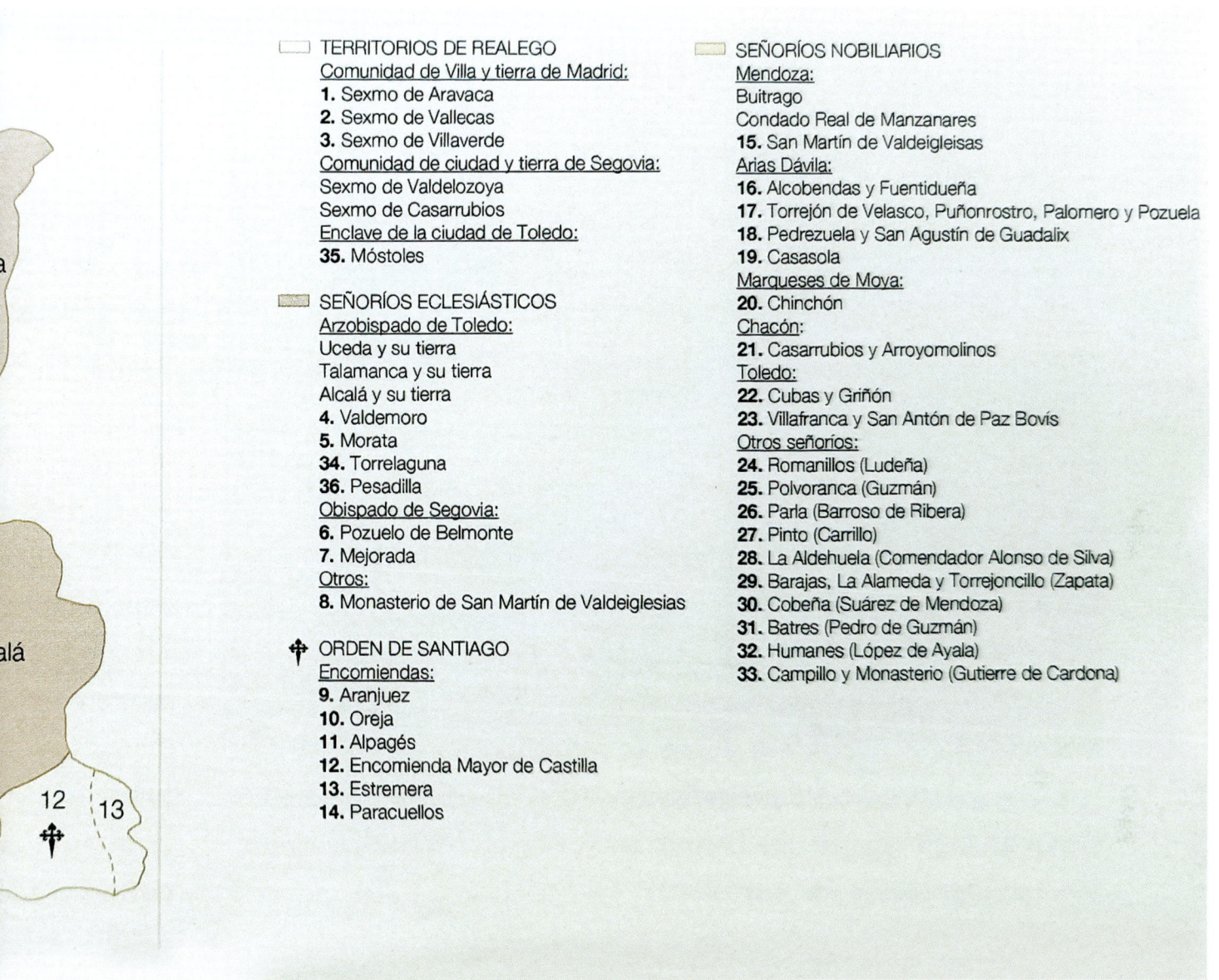

TERRITORIOS DE REALEGO
Comunidad de Villa y tierra de Madrid:
1. Sexmo de Aravaca
2. Sexmo de Vallecas
3. Sexmo de Villaverde
Comunidad de ciudad y tierra de Segovia:
Sexmo de Valdelozoya
Sexmo de Casarrubios
Enclave de la ciudad de Toledo:
35. Móstoles

SEÑORÍOS ECLESIÁSTICOS
Arzobispado de Toledo:
Uceda y su tierra
Talamanca y su tierra
Alcalá y su tierra
4. Valdemoro
5. Morata
34. Torrelaguna
36. Pesadilla
Obispado de Segovia:
6. Pozuelo de Belmonte
7. Mejorada
Otros:
8. Monasterio de San Martín de Valdeiglesias

ORDEN DE SANTIAGO
Encomiendas:
9. Aranjuez
10. Oreja
11. Alpagés
12. Encomienda Mayor de Castilla
13. Estremera
14. Paracuellos

SEÑORÍOS NOBILIARIOS
Mendoza:
Buitrago
Condado Real de Manzanares
15. San Martín de Valdeigleisas
Arias Dávila:
16. Alcobendas y Fuentidueña
17. Torrejón de Velasco, Puñonrostro, Palomero y Pozuela
18. Pedrezuela y San Agustín de Guadalix
19. Casasola
Marqueses de Moya:
20. Chinchón
Chacón:
21. Casarrubios y Arroyomolinos
Toledo:
22. Cubas y Griñón
23. Villafranca y San Antón de Paz Bovís
Otros señoríos:
24. Romanillos (Ludeña)
25. Polvoranca (Guzmán)
26. Parla (Barroso de Ribera)
27. Pinto (Carrillo)
28. La Aldehuela (Comendador Alonso de Silva)
29. Barajas, La Alameda y Torrejoncillo (Zapata)
30. Cobeña (Suárez de Mendoza)
31. Batres (Pedro de Guzmán)
32. Humanes (López de Ayala)
33. Campillo y Monasterio (Gutierre de Cardona)

Figura 1. Mapa de los Señoríos de la región madrileña. Fuente: Ortega 2021, pág. 93.

ción de sacramentos ajena a los libros parroquiales manzanariegos. De igual manera, la ermita de Nuestra Señora del Sacedal, la antigua Nuestra Señora de San Muriel, mantuvo su vínculo con los habitantes de El Boalo y cierta actividad socio-religiosa hasta bien entrado el Seiscientos. Sin embargo, a finales del siglo, el cardenal Luis Manuel Fernández Portocarrero, arzobispo de Toledo, determinó a instancias de un clérigo complutense, el cancelario universitario Andrés de Pitillas y Ruesga, reordenar la administración eclesiástica para "el bien espiritual de aquellas almas", uniendo de forma inopinable el curato de Manzanares con su "anexo" boaleño, por lo que este último perdió toda su autonomía.

El motivo que llevase en 1696 a esta reordenación, que afectó al resto de poblaciones del Real de Manzanares pertenecientes al partido *toledano* de Talamanca, no fue otro sino el descalabro demográfico que se vivió durante las décadas precedentes en esta área serrana. Los datos aportados por los *repartimientos* y por los *vecindarios* fiscales surgidos en la Corona de Castilla desde el reinado de Carlos I, en la primera mitad del siglo XVI, permiten entrever las dificultades a las que se vieron abocados los habitantes de El Boalo en los tiempos de Austrias y Borbones. Siguiéndose el registro de vecinos del lugar (es decir, los cabezas de familia), hubo un pequeño aumento durante el Quinientos: 39 para 1530, 50 para 1543 y 1552 y 58 (más un clérigo encargado del culto local) para 1591. Este crecimiento provino de la mejora de la producción de subsistencia (cereales, principalmente) y de la ganadería extensiva en propiedades de los duques del Infantado o del concejo y de particulares. Sin embargo, el impacto de la peste a finales de la centuria llevó a que el siguiente recuento, el *Censo de la Sal* de 1631, aportase solo 11 vecinos. Epidemias, malas cosechas, pleitos con la villa de Madrid y una carga tributaria creciente se tradujeron en una marcadísima caída de los niveles de ocupación demográfica de la aldea boaleña, si bien nunca llegaron a los extremos de la vecina Cerceda, que fue abandonada temporalmente en plena guerra de Sucesión española. De hecho, el vecindario ordenado por el obispo de Gironda en 1712 (y recopilado en 1717 por el marqués de Campoflorido) alude a solo 6 vecinos del lugar de El Boalo, que crecerían hasta un máximo de 10 para 1749 y 1752, según una visita *ad limina* del arzobispado toledano y los datos del catastro del marqués de la Ensenada.

A mediados del siglo XVIII, la tímida recuperación poblacional boaleña y de los lugares cercanos coincidió con la culminación de la segregación de las últimas aldeas del Real de Manzanares con respecto a la villa homónima (aunque esto no supusiese la reintegración en el realengo). Así, en 1747 una repoblada Cerceda logró emanciparse de la justicia del condado, mientras que en 1751 lo harían mancomunadamente los *barrios* de Mataelpino y El Boalo, contando para ello con el visto bueno de la XI duquesa del Infantado. Administradas por sí mismas, pero siempre dentro de la jurisdicción de la Casa de Silva, esta villa dual prosiguió un ciclo favorable tanto en la explotación económica de su entorno, como en el aumento de sus habitadores. Para el caso boaleño, el censo del conde de Floridablanca, de 1787, aporta datos concretos de individuos empadronados, con un total de 60 (32 hombres y 28 mujeres), una cifra todavía muy alejada a la que los coeficientes utilizados en la conversión de vecino/habitante permiten suponer al máximo alcanzado en los tiempos de Felipe II, dos siglos atrás.

LA REUTILIZACIÓN DEL LUGAR COMO CENTRO DE CULTO. RECONSTRUCCIÓN, AMPLIACIÓN Y TRANSFORMACIÓN DE LA IGLESIA EN ERMITA

JAVIER SALIDO DOMÍNGUEZ*,
ROSARIO GÓMEZ OSUNA**,
ELVIRA GARCÍA ARAGÓN**

Tras la etapa de abandono y frecuentación esporádica, El Rebollar va a experimentar una serie de cambios muy relevantes, que serán el reflejo de otros que se van a producir en el territorio en el que se inserta el yacimiento. La repoblación de este espacio tras la toma de Toledo por Alfonso VI en 1085 favorece la creación de pequeñas aldeas de gentes llegadas del otro lado de la sierra, de la zona segoviana, que buscan el aprovechamiento de los importantes recursos económicos que ofrece la cara sur de la sierra de Guadarrama. Entre los siglos XII y XIV el hecho histórico principal será el conflicto, entre esta repoblación segoviana y la ciudad de Madrid, que necesita también utilizar estos recursos para su abastecimiento, expansión y desarrollo. Ambas ciudades apelarán a los diferentes reyes para que confirmen unos privilegios de uso que les fueron otorgados por la corona y que supusieron la causa de este conflicto, ya que ambas aportaban pruebas de sus derechos frente a los de la otra.

En un intento de apaciguar las relaciones entre las dos poderosas ciudades, el rey Alfonso X delimita y amojona un espacio que será denominado desde entonces Real de Manzanares, bajo jurisdicción real. A partir de ese momento, El Real será entregado a usufructuarios como pago a los servicios prestados a la corona, pero que volvía a ella tras su muerte o por orden real. Los otorgantes recibían importantes rentas por los impuestos que se cobraban, por el alquiles de molinos, tabernas

* Departamento de Prehistoria y Arqueología. Universidad Autónoma de Madrid.
** Arqueóloga. Equipo A de Arqueología.

y otros establecimientos, y en especial los sustanciosos ingresos obtenidos por el paso de rebaños y mercancías por la Cañada Real Segoviana. Sin embargo, esta nueva forma de gestión no supuso el fin de los conflictos entre segovianos y madrileños, que continuará durante unos cuantos siglos más (fig. 1).

Otro hito histórico en el devenir del yacimiento será la entrega del Real de Manzanares a la poderosa familia Mendoza a finales del siglo XIV, transformándose en poco tiempo en un señorío nobiliario ligado al título de condado que fue otorgado a favor de Íñigo López de Mendoza (Juan II de Castilla, dado el 8 de agosto de 1445). De la mano de esta importante familia que llega a alcanzar enormes cuotas de poder político, social y económico, el territorio del Real se engrandece con la construcción de numerosas iglesia y ermitas en muchos casos rehaciendo edificios preexistentes, como el caso de El Rebollar y en otros de nueva planta como la iglesia de Manzanares El Real (Gómez y Ballesta 2013), para dar soporta espiritual y funerario a las gentes que, en número cada vez mayor, pueblan estas tierras.

La primitiva iglesia visigoda se reconstruye con modificaciones en su cabecera, que se agranda en planta en sus lados norte y sur (fig. 2). Se eleva el nivel de suelo para destacar la importancia de este espacio sagrado. Un relleno a base de fragmentos de ladrillo, tierra y pequeñas piedras se instala sobre el nivel de solado visigodo (suelo 1) y se cubre con una capa de mortero de cal (suelo 2). Se mantiene el acceso primitivo, pero añadiendo un escalón de granito que da acceso al nivel elevado. En este nuevo escalón se tallaron dos quicialeras, con canales para la inserción del eje de las dos hojas de la puerta, para poder cerrar la cabecera.

En su interior también se producen cambios. La losa central sobre la que estaba el altar queda oculta por los nuevos suelos y una nueva base cuadrangular de granito se coloca adosada al muro oriental. Bajo ella se descubrieron restos cerámicos de época tardoantigua y de fauna. Importante dato que indica que la celebración religiosa se realiza sin duda de espaldas a los fieles. Indicativo de la continuidad en el culto y uso del edificio es que, con el paso del tiempo, este suelo se deterioró y

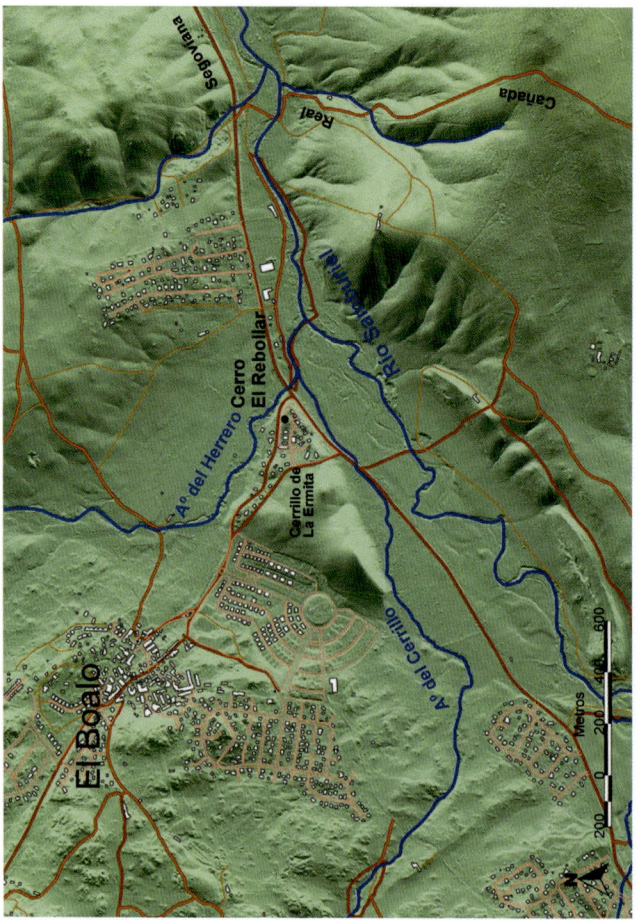

Figura 1. Ubicación del yacimiento de El Rebollar y de la Cañada Real Segoviana. Autores: Salido Domínguez, Gómez Osuna y García Aragón (Equipo Arqueológico de El Rebollar). Digitalización: García Aragón.

fue reparado con una capa de nivelación en las zonas más hundidas y un nuevo solado de mortero de cal (suelo 3). Los restos materiales asociados a estos rellenos han permitido verificar la secuencia estratigráfica y cronológica de las reformas y reparaciones que arrancan en el final del siglo XIV y principios del XV (suelo 2) y llegan hasta el siglo XVI (suelo 3). Las paredes, al menos la parte inferior, estuvieron revocadas con yesos alisados o escobillados (fig. 3).

El otro ámbito de la ermita, la nave, reutiliza los muros de la antigua iglesia en los laterales, pero se cierra

Figura 2. Propuesta del aspecto del edificio tras la reconstrucción y ampliación. Autores: Salido Domínguez, Gómez Osuna y García Aragón (Equipo Arqueológico de El Rebollar)/ Taller ID. Pilar Cienfuegos.

Figura 3. Estratigrafía de la cabecera de la ermita con los diferentes suelos, rellenos y losas de base de altar. Autores: Salido Domínguez, Gómez Osuna y García Aragón (Equipo Arqueológico de El Rebollar).

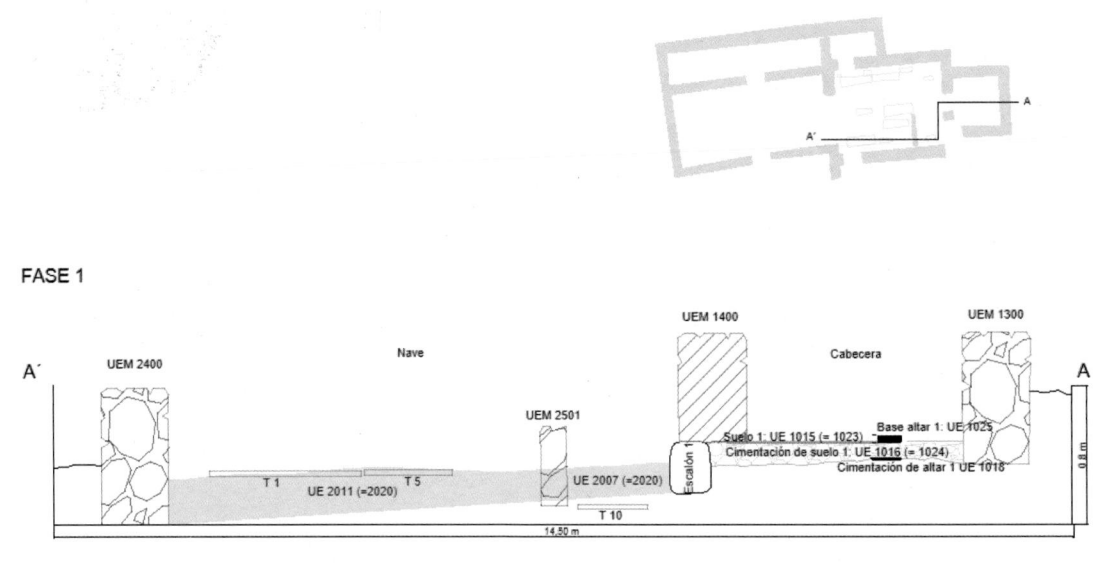

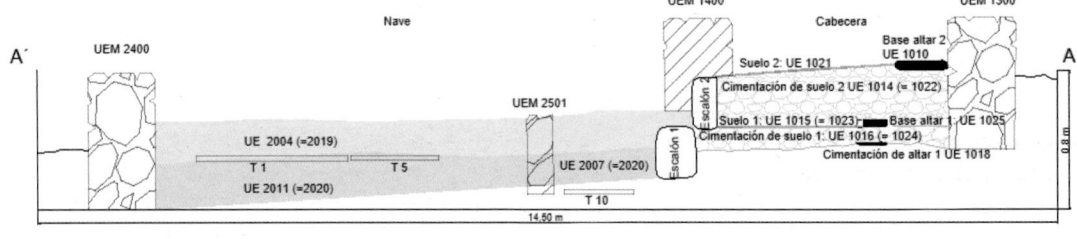

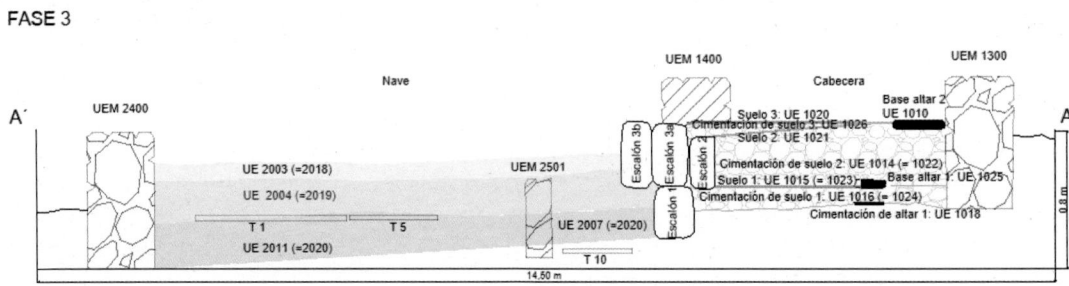

Figura 4. Evolución estratigráfica de la iglesia y posterior ermita de El Rebollar. Autores: Salido Domínguez, Gómez Osuna y García Aragón (Equipo Arqueológico de El Rebollar). Digitalización: García Aragón.

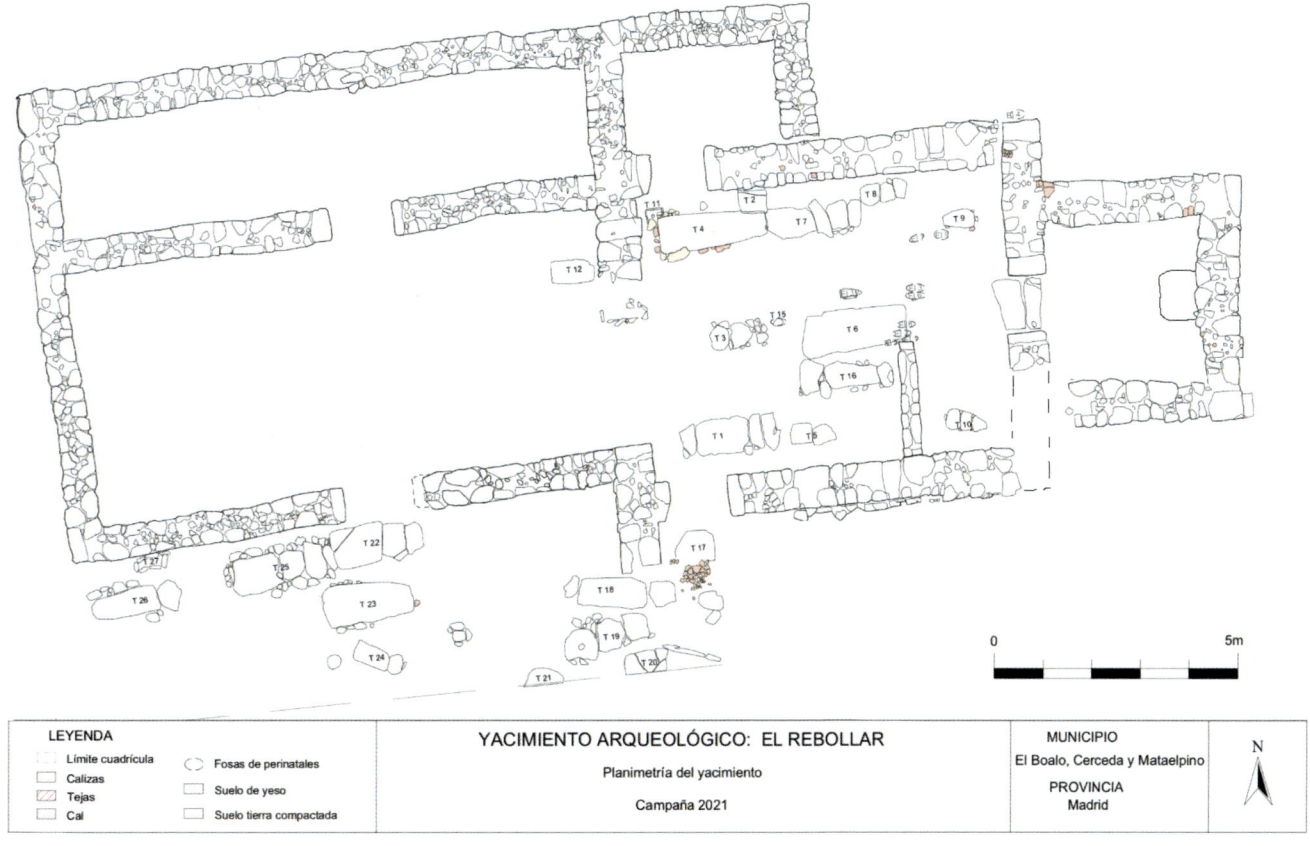

LEYENDA		YACIMIENTO ARQUEOLÓGICO: EL REBOLLAR	MUNICIPIO	N
Límite cuadrícula / Fosas de perinatales			El Boalo, Cerceda y Mataelpino	
Calizas / Suelo de yeso		Planimetría del yacimiento	PROVINCIA	
Tejas / Suelo tierra compactada		Campaña 2021	Madrid	
Cal				

Figura 5. Planta de la segunda fase de la ermita de El Rebollar (Equipo directivo Rebollar 2022). Autores: Salido Domínguez, Gómez Osuna y García Aragón (Equipo Arqueológico de El Rebollar). Digitalización: García Aragón.

el acceso meridional y se derriba el lienzo oeste para conectarla con una ampliación a occidente que va a suponer más que duplicar el espacio originario. Se rellena el antiguo espacio interior para regularizar su nivel y en estos rellenos también aparecen materiales que fechan en etapas inmediatamente anteriores, siglos XII-XIV (producciones de loza verde y manganeso y ausencia de lozas blancas) o, como el caso de la fauna, cuya datación radiocarbónica señalaría el final del siglo XIV como fecha de inicio de los trabajos de reconstrucción (2018/39/12 de la UE 2004. 1300-1371 d. C.). Los enterramientos infantiles de nueve individuos en fosas practicadas en los niveles de relleno del interior se asocian a monedas fechadas en los reinados de Enrique III (EI3, blanca de ceca Toledo, posterior al año

Figura 6. Estructura interior de la nave de función desconocida. Autores: Salido Domínguez, Gómez Osuna y García Aragón (Equipo Arqueológico de El Rebollar).

1391) y Juan II (EI6, blanca de Juan II, entre 1442 y 1454), dando un marco cronológico entre los inicios y la mitad del siglo XV. Se concentran en la zona central y delantera de la nave, en el eje del acceso a la cabecera (figs. 4 y 5).

Un dato relevante es que solamente este rango poblacional se ha documentado en etapas bajomedievales, no apareciendo, hasta el momento, inhumaciones de jóvenes, adultos o ancianos de esta cronología. En una posición casi central de la nave aparece una estructura de funcionalidad desconocida, cuadrangular, exenta y formada por grandes bloques toscamente labrados. Los escasos datos asociados no permiten asignarla con total seguridad a esta segunda fase (fig. 6).

Una nave central con acceso desde el sur se alinea con la anterior y una estancia alargada y más estrecha, comunicada con la nave, se construye al norte. A las dimensiones iniciales del edificio se añade una longitud de 12,35 m, alcanzando los 21,5 m en total y la anchura llega a los 9,50 m.

No aparecen en este nuevo ámbito, salvo el caso excepcional de la tumba 12, enterramientos tardoantiguos en similar número y disposición que en la nave inicial, pues este espacio al oeste del acceso principal original es una zona de respeto y de carácter público que se reserva. Por delante de este nuevo acceso se instala un pórtico techado con tejas documentadas en el derrumbe inferior, sobre basas de granito que, posiblemente, contaría con pies derechos de madera sobre ellas. Este tipo de estructuras son habituales en las iglesias serranas. La técnica constructiva continúa siendo la mampostería de granito con refuerzos de sillarejo en las esquinas y

Figura 7. Recreación de le ermita de El Rebollar con su entorno y paisaje Autores: Salido Domínguez, Gómez Osuna y García Aragón (Equipo Arqueológico de El Rebollar)/ Taller ID. Pilar Cienfuegos.

vanos, aunque de tamaño algo menor y más toscos y los bloques se unen con barro, al que se incorporan piedras pequeñas y algunos restos de teja (fig. 7).

Se ha creado un gran edificio de culto dentro del contexto histórico de los siglos XIV y XV del señorío de los Mendoza.

LA CULTURA MATERIAL BAJOMEDIEVAL Y MODERNA: OBJETOS DE USO COTIDIANO

JAVIER SALIDO DOMÍNGUEZ*,
ROSARIO GÓMEZ OSUNA**,
ELVIRA GARCÍA ARAGÓN**,
INÉS MARÍA CENTENO CEA***,
RUBÉN-LOT GARCÍA LERGA****

La vida en El Rebollar en la etapa bajomedieval y moderna a través de los objetos recuperados

La etapa de conflicto territorial y de repoblación ha dejado sus huellas en El Rebollar. No son muchas ni muy evidentes, pero confirman que este cerro y su simbología espiritual seguirá siendo un referente en el paisaje y para la población. Se localizan restos cerámicos de producciones asociadas a estos primeros momentos de establecimiento de pequeños caseríos dispersos a lo largo del territorio que mantienen esa intensa explotación de los recursos naturales que el entorno les proporciona: caza, leña, carbón, pastos, rocas y minerales.

No se cuenta con evidencias estructurales de un asentamiento en el yacimiento o su entorno, pero sí con elementos que apuntan a la continuidad del uso tradicional del espacio. Son muestra de presencia y actividad humana que se incorporan al sustrato que rellenó el interior de la iglesia cuando se produce su reforma. Se trata de materiales rodados, muy fragmentados pero importantes por la información de esta etapa poco documentada arqueológicamente en la sierra madrileña (fig. 1).

Cuando la corona muestra un especial interés en El Real de Manzanares a partir del siglo XIV vemos cómo este lugar de culto ancestral se recupera como hito a sumar a otros que harán de este territorio un lugar privilegiado.

La presencia de reyes de montería, como Alfonso XI y la cesión del territorio a personas con estrecha relación con la corona como Leonor Núñez de Guzmán, aman-

* Departamento de Prehistoria y Arqueología. Universidad Autónoma de Madrid.
** Arqueóloga. Equipo A de Arqueología.
*** Arqueóloga. IMC2 Arqueología.
**** Investigador. Proyecto AEI/1013039/501100011033.

Figura 1. Detalle de la cabecera de le ermita y su entorno paisajístico. Imagen: Plá Gómez.

Figura 2. Restos del Castillo Viejo en Manzanares El Real. Imagen: Gómez Osuna.

te del rey y madre de Enrique II de Castilla, colocan a El Rebollar en inmejorable posición para ser complemento de los palacios levantados en la Villa de Manzanares y referente en el transcurso de la Cañada Real Segoviana (fig. 2).

Es dentro de este contexto cuando la iglesia se transforma en ermita, pero lejos de perder relevancia, su espacio se amplía enormemente hasta doblar su superficie. Se rehacen sus paredes y cubiertas, reaprovechando materiales anteriores y se producen modificaciones en los espacios y accesos. A esta actividad se asocian los materiales de construcción reutilizados y los que se incorporan en estos momentos, que conviven dentro de la edificación.

A la fase bajomedieval y moderna pertenecen objetos y materiales asociados tanto a la actividad cultual de la ermita que incluiría la celebración de oficios religiosos en su interior, enterramientos allí y también en el exterior, en este caso de neonatos, o de otros ritos religiosos asociados como las romerías o reuniones de fieles en el entorno del edificio en las fechas de celebración de su advocación.

Numerosos objetos seguirán apareciendo, pero sin variaciones sustanciales en su forma y técnica fabricación. Es el caso de los metales o los objetos líticos, tan versátiles y funcionales que se mantienen casi invariables

a lo largo del tiempo. Se localizan clavos de forja de diferentes tamaños para las estructuras de la cubierta, las puertas o las ventanas, así como otros objetos parte de mobiliario básico como bisagras o remaches. Se hallan herramientas atemporales como los cuchillos a los que se suman las navajas; también pequeños núcleos y láminas de sílex, como encendedores los primeros e instrumentos de corte los segundos, asociados a trillos en algún caso. Se localizan tapaderas o fichas de juego realizadas tanto con rocas como amortizando restos de tejas o de recipientes cerámicos. También cuencos toscos ennegrecidos en su interior por su uso como pequeñas luminarias en el interior de los espacios religiosos, además de boquillas de odres o fuelles, recipientes de vidrio como botellas, vasos o cuencos, platos u ollas con evidentes huellas de haber sido sometidas a la acción del fuego durante el proceso de cocinado. Como complemento a la información que ofrecen los recipientes cerámicos aparecen los restos óseos de los animales que fueron consumidos o criados por esas gentes, o los propios del entorno natural en el que se localiza el yacimiento. Finalmente, y aportando una información más precisa, las monedas perdidas a lo largo de años de asistencia a esas celebraciones religiosas, se asocian a esa vida en torno a un lugar especial y espiritual, donde se hunden sus raíces como pueblo, donde reposan sus antepasados (fig. 3).

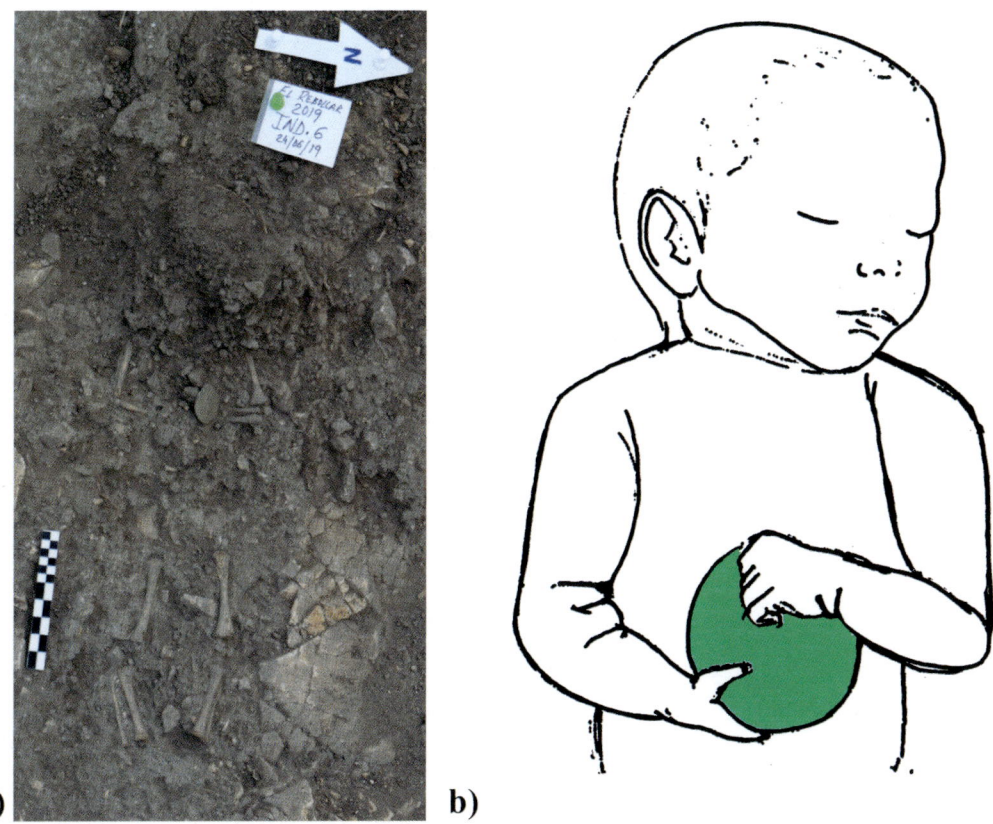

a)   b)

Figura 3. Enterramiento infantil n.º 6 y recreación de la posición de la moneda asociada al individuo. Imagen: Armando González y Oscar Cambra.

Será también esta memoria espacial, este reconocimiento del lugar de El Rebollar como un hito, el que propicia su uso como espacio funerario para la población de perinatales que se ha documentado tanto dentro como fuera de la ermita en la primera mitad del siglo XIV y que cuenta con elementos de datación asociados tan importantes como la numismática.

La cerámica bajomedieval y moderna: producciones marcadas por los gustos de su época

Los fragmentos de vasos cerámicos asociados a las fases medieval y moderna del asentamiento son muy abundantes. Su consideración e interpretación resulta en este caso bien diferente a la sugerida para la fase tardovisigoda. Si para los propios de aquel momento inicial sugeríamos un uso ritual o cultual, en este caso, y a pesar de que ese carácter religioso/funerario del edificio parece mantenerse hasta momentos avanzados de la edad moderna, suponemos más bien un uso vinculado a lo doméstico, como cerámica de cocina y mesa. Cabe suponer, en este sentido, que estas piezas no hayan sido mayoritariamente usadas en este contexto ritual –aunque no hay que excluir su presencia en celebraciones populares, reuniones y romerías en el entorno– sino que llegaran al asentamiento con las tierras y sedimentos con las que se niveló y se compactó el terreno en las reformas y remodelaciones realizadas en cada una de las fases constructivas. Aun así, estas piezas adquieren una importancia de primera mano, no solo para datar cada una de estas reconstrucciones y reformas sino también, nuevamente, para establecer consideraciones de importante valor histórico acerca de las poblaciones que están detrás de su elaboración y de su uso, sin duda no lejanas al edificio de la ermita y a todas luces vinculadas con la misma.

Las características de estas producciones cerámicas, similares como veremos a otras que resultan ya relativamente bien conocidas en la literatura arqueológica, nos permiten aportar cronologías precisas, reforzadas si cabe por las dataciones cruzadas que proporcionan otros elementos recuperados en el asentamiento, como es el caso de las acuñaciones numismáticas o por las propias fechas de calendario proporcionadas por algunas muestras orgánicas recuperadas y analizadas mediante C14.

Estos conjuntos cerámicos se encuadran en concreto en épocas bajomedieval y moderna, entre los siglos XIV y XVII de modo mayoritario y se incardinan, ya desde el comienzo, en sistemas productivos y comerciales completamente diferentes a lo señalado para el último mundo hispanovisigodo. Si en aquel momento las producciones cerámicas hablaban de un mundo limitado y delimitado en gran medida a lo local/regional, estas evidencian ya, desde las más antiguas, el desarrollo de un mundo más complejo y abierto no solo en lo productivo y comercial sino también, lógicamente, en lo social o cultural.

En los contextos de los siglos XIV y XV se constata ya un claro proceso de especialización funcional en los recipientes utilizados. Se documentan así diferentes tipos y producciones cerámicas, cuyas características físicas, tecnológicas y formales están perfectamente adaptadas a la función para la que fueron pensadas y elaboradas. Las piezas destinadas así a su uso en la cocina como cerámica de fuego son de pastas groseras, que incluyen partículas silíceas o micas que permiten la dilatación del recipiente –sin fisuras ni rupturas– al ser expuesto al fuego, mientras que las destinadas a las mesas o almacenes tienen un aspecto mucho más refinado, de pastas arcillosas y decantadas, sin partículas gruesas en su interior, lo que, al margen de darles un aspecto mucho más ligero, las hacía **más** resistentes al choque mecánico.

Entre los primeros recipientes, de cocina, se documentan fundamentalmente formas cerradas, ollas y pucheros en definitiva, de borde abierto y cuerpo globular que presentan en muchos casos huellas de humo en los fondos, o en las paredes al exterior; ennegrecimientos que resultan consecuencia directa de su exposición al fuego. Las pastas, groseras, como hemos indicado, presentan unas características que las asemejan claramente a las descritas para las propias de la fase hispanovisigoda, lo que sugiere claramente la idea de que están realizadas igualmente en talleres de tipo local/ regional, cercanos sin duda a los hogares y ambientes en los que se utilizaron (fig. 4). Este mismo tipo de pastas y carácter eminentemente local hay que suponer para algunos fragmentos de cuencos elaborados de modo completamente manual, muy ennegrecidos al interior y que, nuevamente, y como en el caso de en el primer edifico, parecen estar directamente vinculados con la iluminación del edificio (fig. 5).

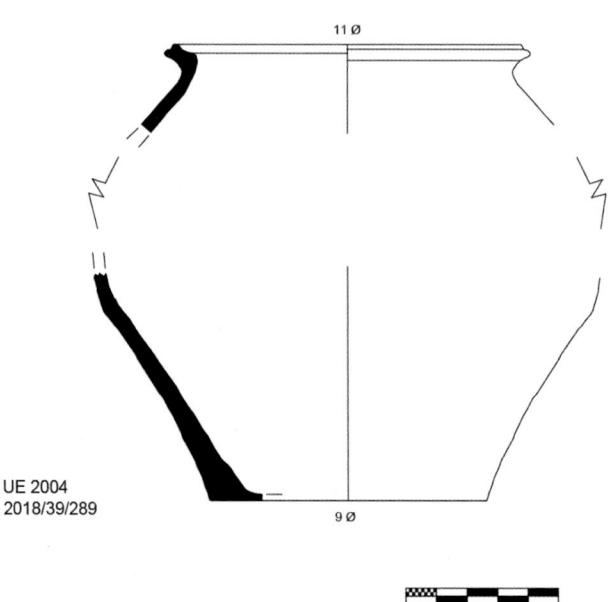

UE 2004
2018/39/289

Figura 4. Olla común Tosca de la Fase 2. Autores: Salido Domínguez, Gómez Osuna y García Aragón (Equipo Arqueológico de El Rebollar)/Centeno Cea. Digitalización: García Aragón.

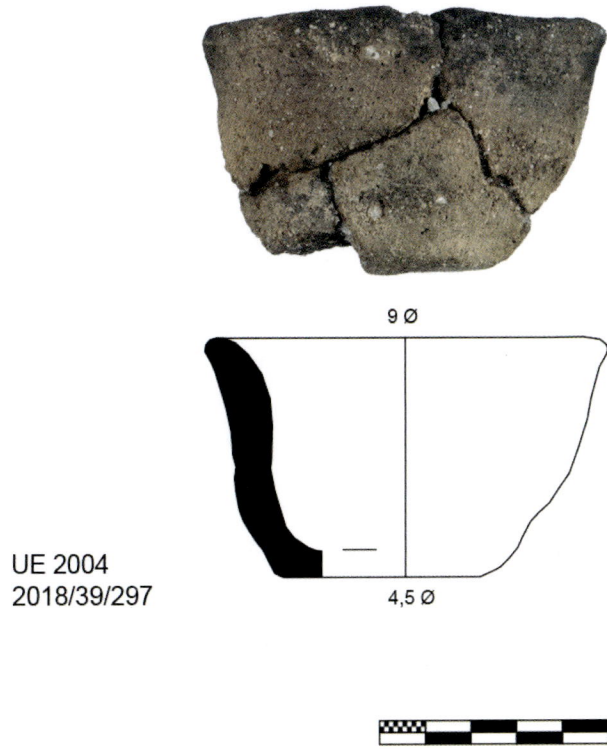

UE 2004
2018/39/297

9 Ø

4,5 Ø

Figura 5. Cuenco/candil a mano de la Fase 2. Autores: Salido Domínguez, Gómez Osuna y García Aragón (Equipo Arqueológico de El Rebollar)/ Centeno Cea. Digitalización: García Aragón.

Diferente consideración requieren otro tipo de recipientes más finos, característicos de los siglos de la baja Edad Media, como es la cerámica engobada, de pastas depuradas y superficies cubiertas con una ligera capa de arcilla licuada de tonalidad no muy diferente a la propia de la pasta, y que adquiere en muchos casos un carácter brillante, que aporta a los vasos, aparte de una mejor estanqueidad, una singular belleza. El elenco formal es muy variado y da respuesta a una demanda cada vez más exigente que requiere de vasos que surtan los servicios de mesa y almacenamiento. En El Rebollar se han recuperado así restos de ataifores –un tipo de plato hondo o escudilla de perfil carenado y con pie bien destacado–, escudillas, jarritas, jarras, cántaros, que resultan semejantes en sus características a otras piezas documentadas en algunas de las principales villas castellanas del mo-

mento, como Valladolid, Segovia o Ávila, en las que se han detectado talleres y alfares que parecen regidos mayoritariamente por poblaciones mudéjares y que incorporan al mundo de la cerámica, en estas regiones en las que en muchos casos la influencia islámica no fue intensa, tradiciones de tipo andalusí (figs. 6 y 7).

Estas mismas tradiciones, y origen igualmente foráneo, están detrás de las primeras piezas revestidas por esmaltes y vidriados de plomo, destinadas en este caso de modo exclusivo a los servicios de mesa. Se trata de fragmentos de formas abiertas, ataifores y escudillas fundamentalmente, revestidos al interior con vidriados monocromos, de tonalidad melada o verdosa, o por un esmalte blanco ligero y mal vitrificado sobre el que se dibujan en verde cobre o, más habitualmente en verde y negro manganeso, motivos decorativos sencillos, de tipo geométrico o vegetal (fig. 8). Este último tipo de piezas, conocido en la investigación ceramológica como *loza Verde Manganeso* y derivado de producciones islámicas anteriores, tiene su origen en el territorio peninsular a finales del siglo XIII en tres focos, Valencia, Cataluña, Teruel, para comenzar a imitarse en talleres vinculados nuevamente a los principales núcleos castellanos y a alfareros nuevamente de filiación mudéjar a partir de la segunda mitad del siglo XIV y a lo largo del siglo XV. En el caso de nuestras piezas las características de la cubierta, ligera y semivitrificada, vinculan mayoritariamente con otras localizadas en sectores de la submeseta sur, como Guadalajara o Madrid, más que con otras procedentes de enclaves septentrionales.

Un último tipo de producción esmaltada, en este caso de excelente calidad, es la conocida como *loza dorada*. Se trata esta de una producción de lujo, vinculada a las mesas más pudientes del momento. Su origen se remonta a la Granada nazarí, pero experimenta un gran desarrollo, con lógicas modificaciones tipológicas y decorativas en la Valencia (cristiana) de la segunda mitad del siglo XIV y, fundamentalmente el siglo XV o comienzos incluso del siglo XVI. Se trata de una vajilla de pastas muy bien depuradas y revestida en ambas superficies por un denso esmalte blanco lechoso, muy limpio, de plomo y estaño. Sobre este se dibujan motivos

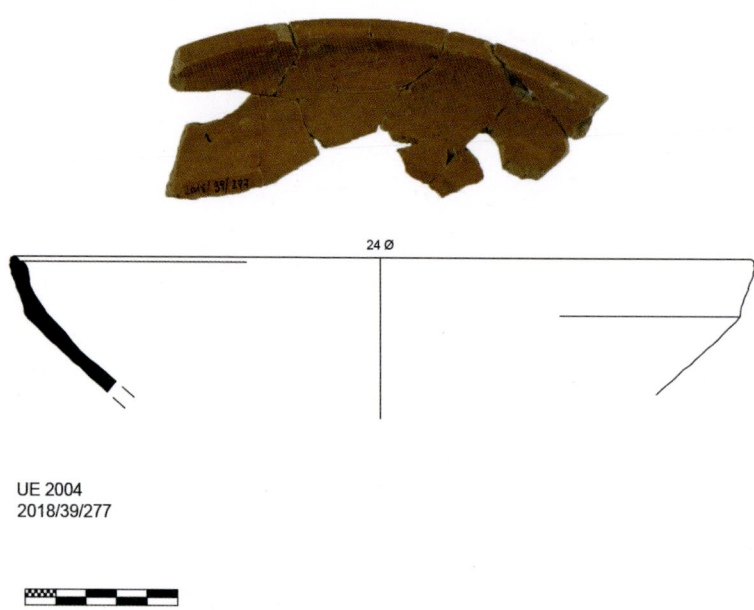

Figura 6. Cerámica engobada de la Fase 2. Autores: Salido Domínguez, Gómez Osuna y García Aragón (Equipo Arqueológico de El Rebollar)/Centeno Cea. Digitalización: García Aragón.

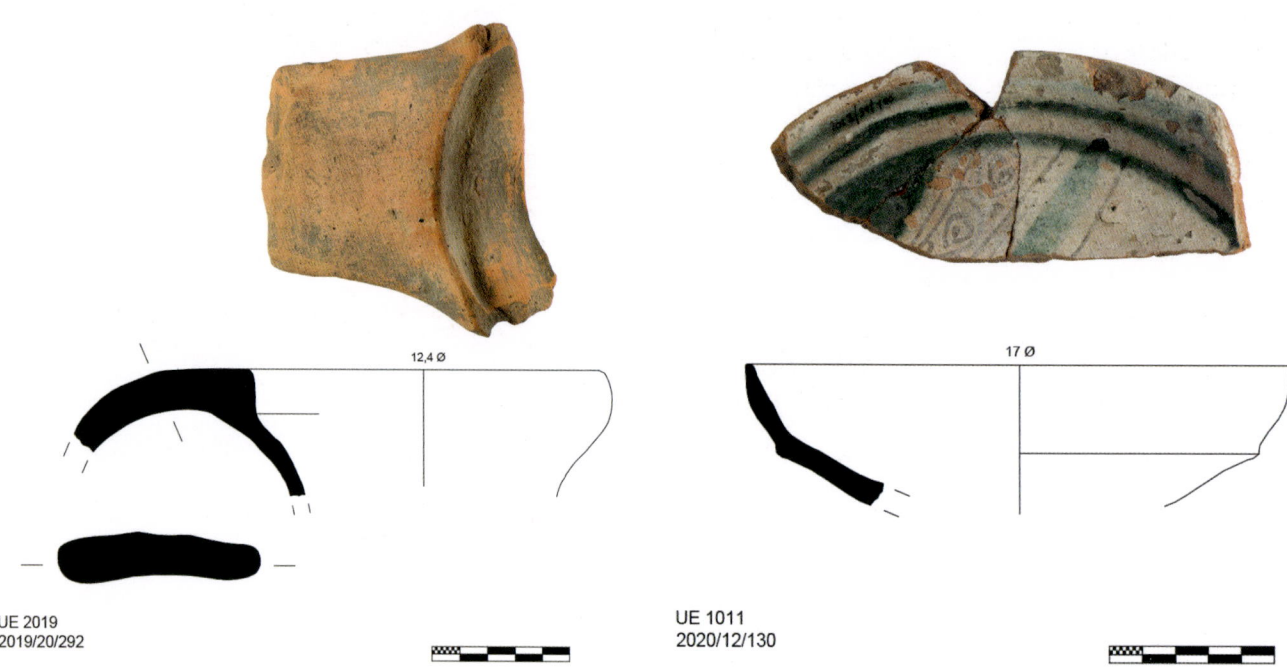

Figura 7. Cántaro engobado de la Fase 2. Autores: Salido Domínguez, Gómez Osuna y García Aragón (Equipo Arqueológico de El Rebollar)/Centeno Cea. Digitalización: García Aragón.

Figura 8. Loza Verde Manganeso de la Fase 2. Autores: Salido Domínguez, Gómez Osuna y García Aragón (Equipo Arqueológico de El Rebollar)/Centeno Cea. Digitalización: García Aragón.

geométricos o vegetales en tono dorado, en azul cobalto o en una combinación de ambos. Su exclusividad deriva directamente de su complejo proceso de fabricación que, en el caso de las piezas con tonos dorados, requería de hasta tres cocciones diferente y de una pericia y especialización muy concretas de los artesanos encargados de su elaboración. A El Rebollar llegan, desde esta área valenciana, algunas de estas piezas –escudillas de perfil hemiesférico–, escasas pero muy significativas, no solo por ser indicadores de esa complejidad comercial y económica de la sociedad del momento, sino por su importancia cronológica. Así, por ejemplo, la presencia de una de estas piezas en un nivel de base del suelo de la cabecera de la ermita ha constituido un dato de sustancial interés para encuadrar el momento de la reconstrucción de la ermita tras los siglos de abandono (fig. 9).

En los contextos de los siglos XVI y XVII continúa documentándose el mismo tipo de cerámica de cocina, ollas y pucheros de perfiles globulares, con algunas variedades en la configuración de los bordes derivadas posiblemente de la propia evolución de los gustos. Estas piezas continúan realizándose en las mismas pastas graníticas de tipo local que anuncian la cercanía de los alfares de origen. En los servicios de mesa abundan en estos momentos las producciones revestidas por esmaltes y vidria-

dos, hasta el punto de relegar casi completamente a los tipos no revestidos o cubiertos por engobes, menos estancos y, por tanto, menos higiénicos y a la vez menos atractivos desde el punto de vista estético. Se documentan ahora platos, hondos o más llanos, escudillas de pared cóncava o con carena o flexión en la zona media, jarras de perfil piriforme o globular, con asas laterales…, datos todos estos que ponen de manifiesto que la sociedad que se esconde detrás de estas piezas de El Rebollar adopta los rasgos propios de la época pese a su carácter rural; una sociedad cada vez más refinada que recibe, adopta y adapta en su vivir cotidiano las nuevas modas y aires renacentistas que desde Italia y vía Flandes, a través de la nueva dinastía reinante de los Austrias –inaugurada por el nieto y heredero de los Reyes Católicos, Carlos I– se impone en los territorios de la corona de Castilla (fig. 10).

UE 1022
2021/15/208

Figura 9. Loza Azul cobalto de la Fase 2. Autores: Salido Domínguez, Gómez Osuna y García Aragón (Equipo Arqueológico de El Rebollar)/Centeno Cea. Digitalización: García Aragón.

UE 1008
2018/39/172

Figura 10. Loza Blanca de la Fase 4. Autores: Salido Domínguez, Gómez Osuna y García Aragón (Equipo Arqueológico de El Rebollar)/Centeno Cea. Digitalización: García Aragón.

Algunas de estas piezas recuperadas en El Rebollar, y a pesar del carácter eminentemente rural de la ocupación o reocupación, más bien, de los restos de la ermita en su última fase de uso, se encuentran decorados con motivos característicos de algunas de las series de cerámica esmaltada elaboradas a lo largo de avanzado el siglo XVI y fundamentalmente XVII o comienzos del XVIII en centros alfareros de primera entidad como Talavera de la Reina o Toledo, sin que con ello queramos, ni podamos, afirmar que proceden de estos alfares en concreto ya que los mismos tipos fueron imitados en talleres y centros de menor entidad, aunque de idéntica cronología. Es el caso de una pieza decorada con motivos vegetales en forma de helechos asimilable a la serie del mismo nombre, bien encuadrada en el siglo XVII o de otra pieza con decoración en azul, naranja y manganeso, propia de la serie tricolor, que aporta la misma cronología (fig. 11).

En definitiva, los materiales cerámicos de estos momentos, tanto los propios encuadrados en la baja Edad Media como los correspondientes a los siglos de la Edad Moderna, aportan una importante información acerca de las gentes que frecuentaron la ermita y, posteriormente, en una última y postrera fase, reutilizaron sus muros para fines completamente ajenos ya a lo cultual. Nos han permitido así, como hemos visto, aquilatar y precisar la cronología de las diferentes fases constructivas del edificio, aportando, además, importantes precisiones acerca de la creciente complejidad comercial, económica y social de las poblaciones que la frecuentaron.

UE 2002
2018/39/199

Figura 11. Loza de la serie helechos de la Fase 4. Autores: Salido Domínguez, Gómez Osuna y García Aragón (Equipo Arqueológico de El Rebollar)/Centeno Cea. Digitalización: García Aragón.

Una navaja singular articulada

La excavación del edificio, con sus reformas y procesos de abandono temporales, ha permitido recuperar un abundante conjunto de útiles e instrumentos de metal que contienen una variada tipología formal y funcional, mayoritariamente fabricados en hierro.

El conjunto de instrumental metálico no difiere a nivel formal de los objetos aparecidos en otras excavaciones arqueológicas. El uso del hierro se reduce a la fabricación de objetos de marcado carácter utilitario, mientras que los utensilios realizados con cobre y aleaciones se corresponden fundamentalmente con elementos más cuidados y específicos, como adornos. La mayor parte de los materiales inventariados corresponden a clavos de forja, que proceden, en su mayoría, del armazón de la cubierta. Contamos con una tipología relativamente amplia de ellos, en la que se incluyen ejemplos de otras producciones como tachuelas. La concentración de determinados clavos en zonas concretas nos permite conocer su procedencia original, de modo que fueron documentados también como piezas singulares por la información que aportan.

El estado de conservación de los objetos metálicos es bastante bueno en general. En el caso de los elementos de hierro la oxidación es escasa y en los de bronce tampoco encontramos corrosiones severas.

Destaca, entre el material metálico, una navaja correspondiente a la Fase 4, de época moderna, entre el siglo XVII y el primer tercio del siglo XVIII. Es el momento en que edificio, ahora con una función diferente, más orientada a lugar de reunión, a partir del siglo XVII (Fase 4), se hallan metales asociados a actividades agropecuarias, como los clavos de herradura, sin desaparecer los clavos de forja de distintas tipologías y tamaños. Con un fuego realizado sobre el suelo de la cabecera y cerámicas modernas vidriadas asociadas, destacamos el hallazgo singular de una navaja de hierro articulada con las cachas decoradas (fig. 12). El contexto de su aparición, junto al nivel de uso de la cabecera de la ermita, está asociado al fuego realizado sobre el suelo. Este tipo de navajas articuladas se han documentado desde época

Figura 12. Navaja de hierro articulada (2018/39/33) de la UE 1008. Autores: Salido Domínguez, Gómez Osuna y García Aragón (Equipo Arqueológico de El Rebollar).

prerromana, utilizando cachas de asta, hueso, madera, etc. Es un instrumento habitual en la indumentaria por su versatilidad y gran uso en cualquiera de las actividades diarias. Es, además, asequible y de pequeño tamaño. En España se generaliza su uso a finales del siglo XVI, por la prohibición de portar armas de hoja larga, espadas y puñales, tras el aumento de incidentes en los que este tipo de instrumentos eran protagonistas. Fue establecida por Carlos I para las personas no incluidas en los grupos de la nobleza o el ejército. Fue un objeto de uso común y habitual hasta prácticamente la Guerra Civil, especialmente en gentes del mundo rural y obrero, como instrumento más que como arma. La pieza tiene una hoja de 8,3 cm de longitud y 3,2 cm de ancho, y se guarda entre las cachas, también de hierro, pues no parecen haber tenido recubrimiento. El giro se realiza mediante el sistema de fieles, girando sobre un pasador circular que une los extremos de ambas piezas, para que el filo quede guardado y oculto entre las cachas del mango. Son de uso fundamentalmente para corte, ya que la fijación erecta de la hoja no es la más estable. Dentro de los tipos organizados por Sánchez en base a la forma y uso al que se destinan, estaría en el grupo de las anteriores al siglo XX y en el tipo D, de las que cuentan con la hoja totalmente metálica y no han sido diseñadas para pinchar sino para cortar. Tienen la hoja corta y ancha, con forma trapezoidal o triangular y el mango plano, rectangular, con el borde decorado con orlas a base de recortes. Atribuye a esta tipología de navajas un uso fundamental destinado al corte de plumas de ave para escribir, siendo denominadas "navajas cortaplumas" y se utilizaban también para raspar el papel cuando se producía algún error en la escritura. En ocasiones, algunas piezas incluyen un dinamómetro, un dispositivo de resorte para pesado de objetos pequeños, con anilla y gancho suspensorio en los extremos y se piensa estarían asociadas a algún oficio concreto, como el de mercader u orfebre. Todas las conocidas están fechadas en el siglo XVII y documentadas en cuadros de la época. El ejemplo del cuadro de Zurbarán de 1639 de Fray Francisco de Illescas es el más elocuente como paralelo directo de esta pieza, aunque hay otras similares, como las fabricadas en Albacete por Joseph Alcaráz (1697) o Juan Carbajal a finales del siglo XVII.

La numismática: la lectura de las monedas y la información que aportan

En lo que se refiere al material numismático recuperado durante el proceso de excavación de las fases bajomedievales y modernas del yacimiento, relacionadas con la reedificación de la nueva iglesia, uso y abandono, su posición estratigráfica nos permite ajustar las diferentes fases del edificio. No obstante, hay que matizar que, a diferencia de la moneda islámica, que en la mayoría de los casos contiene en sus leyendas la referencia de fecha, la moneda cristiana del periodo bajomedieval y de inicios de la edad moderna carece de esta referencia, por lo que a veces es complicado ajustar su cronología, sobre todo debido a que algunas especies monetarias perviven más allá del periodo de gobierno del rey que ordenó su acuñación.

Así pues, para el periodo bajomedieval y moderno podemos diferenciar dos fases constructivas diferentes en El Rebollar: la denominada como Fase 2, en la que se reaprovecha el antiguo templo visigodo y se reedifica sobre él una nueva iglesia fechada entre finales del siglo XIV e inicios del XV, y la denominada como Fase 3, identificada con la reforma que sufre el edificio en época moderna, fechada entre finales del siglo XV y comienzos del XVI y que coincide con la llegada del Señorío de los Mendoza, lo que supuso un importante impacto en la organización espacial de El Real de Manzanares y llevó al territorio a sus máximos niveles de riqueza e importancia.

Para la Fase 2 hay que reseñar que hasta la fecha no se ha localizado ninguna moneda en las unidades estratigráficas del interior de la nave de la iglesia ni de la cabecera, pero sí en otros sectores, que nos permiten reforzar la cronología de estos espacios. Así pues, procedente de un nivel de derrumbe frente al cierre del vano sur se localizó una ½ blanca de Enrique IV (fig. 13), mientras que en el nivel de ocupación de la ampliación oeste se recuperó una blanca, también de Enrique IV (fig. 14) que dataría estos estratos en un momento posterior a la fecha de acuñación de estas piezas, es decir, a partir del último cuarto del siglo XV.

También procedente de la ampliación oeste, en este caso en la estancia sur, se ha recuperado un dinero de Alfonso VIII, acuñado entre finales del siglo XII y las primeras décadas del siglo XIII. La presencia de esta pieza más antigua habría que relacionarla con una más que probable circulación de este tipo de ejemplares durante un periodo bastante dilatado en el tiempo, llegando incluso hasta el reinado de Alfonso X (Mozo, 2017), lo que también explicaría el importante proceso de desgaste que presenta.

También de esta fase proceden una blanca de Enrique III y otra de Juan II localizadas en las manos de dos individuos perinatales y que posiblemente tuvieran relación con la tradición conocida como el "óbolo de Caronte", con origen en el mundo greco-romano y que perdura en territorio peninsular vinculado, muy probablemente con la generalización de nuevas formas de espiritualidad relacionadas con el Purgatorio o la extremaunción a partir de los siglos XIV y XV (Martín Escudero, Grañeda y Campos, 2019: 313-338).

Para la denominada como Fase 3, fechada entre finales del siglo XV y comienzos del XVI y relacionada con el proceso de abandono definitivo del edificio se ha recuperado una posible blanca de Juan II, así como un ochavo de 2 maravedíes y una blanca de ½ maravedí, ambas del reinado de Felipe II, aunque sin duda el ejemplar más curioso es un hardi d´argent francés de Enrique IV-VI.

Figura 13. Media blanca de Enrique IV. Ceca Segovia. Autores: Salido Domínguez, Gómez Osuna y García Aragón (Equipo Arqueológico de El Rebollar)/García Lerga. Fotografías: SECYR.

Figura 14. Blanca de Enrique IV. Ceca Segovia. Autores: Salido Domínguez, Gómez Osuna y García Aragón (Equipo Arqueológico de El Rebollar)/García Lerga. Fotografías: SECYR.

Figura 15. 8 maravedíes resellados. Felipe IV. Autores: Salido Domínguez, Gómez Osuna y García Aragón (Equipo Arqueológico de El Rebollar)/García Lerga. Fotografías: SECYR.

La moneda más moderna recuperada, y que cierra la Fase 3, es un ejemplar de 8 maravedíes resellados en época de Felipe IV, que nos aporta una fecha posterior a 1652, ya en pleno siglo XVII y en un ambiente de crisis política y económica, que parecen marcar la última fase de abandono de la iglesia (fig. 15).

De su hallazgo a su estudio: la importancia del estudio del material en su contexto

Como se ha explicado en apartados anteriores, la reconstrucción del edificio y su reactivación en el uso cultual durante esta fase supone que se generen en el yacimiento unos potentes depósitos, rellenos de nivelación y estratos con gran cantidad de materiales arqueológicos. Una parte importante de los hallazgos recuperados a lo largo de las distintas campañas de excavación corresponde a estos momentos.

Al aplicar el método de arqueología estratigráfica, la caracterización de la cultura material resulta fundamental para encuadrar cronológicamente la secuencia de los estratos, situando a los objetos arqueológicos en primer lugar.

El procesado, identificación y estudio de dicha cultura material ha permitido vincular estos materiales a los distintos momentos de reconstrucción y uso de la estructura. Los restos arqueológicos documentados en estos niveles, como se ha podido comprobar, son variados en su cronología y funcionalidad, permitiendo reconstruir una parte significativa de la vida cotidiana de las poblaciones que los elaboraron y utilizaron. La información obtenida de los hallazgos recuperados se relaciona también con el contexto histórico del periodo, mejor conocido a través de las fuentes documentales, construyendo de este modo el discurso histórico del yacimiento en época bajomedieval y moderna.

SOBRE EL LIMBO Y ENTERRAMIENTOS ESPECIALES: PERINATALES DE ÉPOCA BAJOMEDIEVAL

ARMANDO GONZÁLEZ MARTÍN*,
OSCAR CAMBRA MOO*

RAE – Actualización 2023[1]
limbo – *Del lat. limbus "orla o extremidad de un vestido".*

1. m. Rel. En la doctrina tradicional católica, lugar adonde irían las almas de quienes mueren sin el bautismo antes de tener uso de razón.
2. m. Rel. limbo de los justos.
3. m. Borde de una cosa, y especialmente orla o extremidad de la vestidura. Sin.: orla, ribete.
4. m. Placa que lleva grabada una escala, por lo general con algunos de sus trazos numerados, que se emplea en diversos aparatos de medida para leer la posición que ocupa un índice móvil.
5. m. Astron. Contorno aparente de un astro. Sin.: aureola, halo.
6. m. Bot. Lámina o parte ensanchada de las hojas típicas y, por ext., de los sépalos, pétalos y tépalos.

limbo de los justos
1. m. Rel. En la doctrina católica, seno de Abraham.

limbo de los niños
1. m. Rel. limbo (|| lugar adonde irían las almas).

---

1 Consultado el 29/11/2023.

---

* Laboratorio de Poblaciones del Pasado (LAPP), Departamento de Biología, Universidad Autónoma de Madrid

Prefacio

Al leer o escuchar la palabra *limbo*, nos atrevemos a asegurar que la lectora o el lector, probablemente educados conforme a la tradición cultural más extendida en nuestro país, la católica apostólica romana, evocará a uno de los posibles destinos de nuestra alma una vez dado por finalizado ese fenómeno natural que denominamos *vida*. Siguiendo, como más arriba, las definiciones que nos proporciona la Real Academia Española, el limbo, junto al *cielo* (la *morada en que los ángeles, los santos y los bienaventurados gozan de la presencia de Dios*) y al *infierno* (el *lugar donde los condenados sufren, después de la muerte, castigo eterno*), formaría parte de lo que el imaginario colectivo denominaría de forma conjunta el *más allá* (el *mundo de ultratumba*, es decir, el *ámbito más allá de la muerte*).

En realidad, el cristianismo parece haberse visto obligado a determinar diferentes destinos para nuestras almas en función de la adecuación a sus preceptos de las acciones llevadas a cabo durante nuestras vidas. El primero de los sacramentos, el que *imprime el carácter de cristiano a quien lo recibe*, es el bautismo. Una vez bautizados, el cielo y el infierno parecen los dos destinos alternativos evidentes en función de nuestro comportamiento y nuestro proceder. Pero ¿qué destino dar a las almas de aquellos justos que por haber vivido con anterioridad a la implantación del sacramento nunca fueron bautizados? ¿O la de aquellos nacidos que mueren antes de recibirlo? No habiendo cometido pecado alguno –más que el llamado *original*– ni los unos ni los otros, no parece de justicia enviarlos por esa falta al sufrimiento eterno del infierno. Para eso parece servir el limbo (fig. 1).

Figura 1. Cristo en el limbo (hacia 1575). Anónimo atribuido a un discípulo de El Bosco. Indianapolis Museum of Art. (Fuente: Wikimedia Commons; https://es.m.wikipedia.org/wiki/Archivo:Follower_of_Jheronimus_Bosch_Christ_in_Limbo.jpg).

En la *Divina Comedia*, Dante Alighieri (1265-1321) sitúa el Limbo en el primer círculo del Infierno, describiendo con los siguientes versos lo que allí encontró:

Allí, según lo que escuchar yo pude,
llanto no había, mas suspiros sólo,
que al aire eterno le hacían temblar.

Lo causaba la pena sin tormento
que sufría una grande muchedumbre
de mujeres, de niños y de hombres.

El buen Maestro a mí: «¿No me preguntas
qué espíritus son estos que estás viendo?
Quiero que sepas, antes de seguir,

que no pecaron: y aunque tengan méritos,
no basta, pues están sin el bautismo,
donde la fe en que crees principio tiene.

Al cristianismo fueron anteriores,
y a Dios debidamente no adoraron:
a éstos tales yo mismo pertenezco.

Por tal defecto, no por otra culpa,
perdidos somos, y es nuestra condena
vivir sin esperanza en el deseo.»

Hace ya algunos años, bajo el pontificado de Benedicto XVI, teólogos y jerarcas de la iglesia debatieron sobre lo adecuado y necesario de la existencia de ese limbo. Al parecer, sin ser capaces de determinar cuál debería ser el destino de esas almas, lo que terminaron por concluir fue que la importancia de su existencia o inexistencia era muy limitada.

Es seguro que quien lea este texto encontrará que quienes los firmamos carecemos de la formación adecuada para hacer este tipo de elucubraciones, que solo planteamos descritas con nuestro lenguaje con el ánimo de divulgar los hallazgos que se relatarán a continuación, a los que nosotros sí reconocemos notable importancia.

Introducción

Como explican de forma prolija el resto de los capítulos de este libro, el inicio en 2018 de las campañas de excavación en el cerrillo de El Rebollar, en la madrileña localidad de El Boalo, ofreció de manera muy resumida que lo que allí se encontraba era un templo cristiano antiguo. Conocidos algunos antecedentes que repasaremos a continuación, parecía adecuado proponer la hipótesis de que dentro de dicha iglesia aparecería una concentración de individuos perinatales, muertos en al nacimiento o muy cerca de ese momento.

Entre los años 1999 y 2000 se llevó a cabo en la Plaza de Ramales de Madrid la excavación de lo que fuera la Iglesia de San Juan Bautista, en uso entre los siglos XII y XIX y posteriormente destruida en la remodelación del centro de la ciudad emprendida por José Bonaparte. Desde el punto de vista de la arqueobiología, el hallazgo más interesante fue lo que en principio se denominó la "cripta de los párvulos", en donde se halló un conjunto de individuos muertos en edad perinatal. Dicha cripta se situaba bajo lo que correspondería a las gradas de acceso al altar de la nave central de la iglesia (Iglesias Bexiga y González Martín, 2011).

En esa misma década se había realizado el estudio arqueológico de la ermita de San Julián y Santa Basilisa (Zalduondo, Álava). La investigación antropológica sobre los restos humanos allí enterrados había desvelado la existencia de 23 tumbas de individuos perinatales, todas situadas junto a los muros que rodeaban la cabecera del templo (Gómez Junguitu y González Martín, 2011).

Aunque las interpretaciones de dichos hallazgos fueran muy diversas, para los familiarizados con la investigación en este ámbito estos hallazgos hacían pensar en algo bien conocido en cementerios parroquiales franceses y suizos: los llamados "sanctuaires à répit", concepto que podríamos traducir como "santuarios de resurrección momentánea" o, de forma más genérica, como "necrópolis de bebés" (Garnotel y Fabre, 1997; Henrion, 1997).

Tal como describe Gélis (1981), la pérdida de un hijo a su nacimiento debió ser vivida generalmente como una tragedia, tanto por la pérdida de ese fruto como por la angustia producida por la incertidumbre sobre el destino de su alma. Para evitar que su destino final fueran las aterradoras tinieblas del limbo, cualquier cambio producido por alguno de los procesos *post mortem* sufridos por el cadáver (sangrado, sudoración, orina, hinchazón del vientre, cambios de coloración, etc.) podía ser identificado por alguno de los presentes como un signo de supervivencia, que le devolvería temporalmente a la vida el tiempo justo que permitiría el bautismo de urgencia salvador, evitando así que su alma cayera en aquel destino antes de la muerte definitiva. Tras ello, se produciría la sepultura *ad sanctos*, siempre en un lugar privilegiado del propio templo o sus alrededores, lo que resultaría en una cierta recompensa para sus progenitores (Gélis, 2013).

Sin embargo, este mismo autor (Gélis, 2006), al mismo tiempo que atribuye cientos de casos a este tipo de ritual en Francia, afirma tajantemente su inexistencia en España. Algunos de nosotros, conocedores de los antecedentes arriba citados, no solo proponíamos que las concentraciones halladas con anterioridad correspondían al mismo tipo de tratamiento funerario, sino que, además, proponíamos su denominación como "limbo de los niños", intentando recuperar la denominación de *limbus infantium* o *limbus parvulorum* de nuestra tradición cultural pero, esta vez, no para aplicársela a una parte del más allá, sino a una entidad arqueobiológica, encontrada con cierta frecuencia en la excavación de enterramientos asociados a iglesias antiguas, que viene definida por la muerte en edad perinatal de todos los individuos allí enterrados (González *et al.*, 2006).

Desde esa fecha, el concepto de limbo de los niños ha sido utilizado en diferentes ocasiones para caracterizar hallazgos de este tipo, como en el Monasterio de San Miguel de Escalada (León), El Acebuchal (Badajoz) (Colino Gallardo *et al.*, 2013; Peral Pacheco *et al.*, 2013) o la Iglesia de Santa Catalina (Sevilla), aunque no todos los autores que describen cemente-

rios de bebés en entornos parroquiales comparten el uso de este término, ya que la propia denominación de limbo implicaría la falta de bautismo y estos individuos, aunque hubiera sido mediante un rito de urgencia con unas características peculiares, lo habrían acabado recibiendo (Fernández Crespo, 2008; Peña Romo, 2011).

El "limbo de los niños" de El Rebollar

Si dentro del recinto de la iglesia tardoantigua se ha hecho mención especial anteriormente de un conjunto de restos mayoritariamente adultos y masculinos, todos datados entre los siglos VII y VIII, no es porque sean proporcionalmente mucho más importantes que el conjunto de perinatales. De un total de 28 individuos excavados, diez pertenecen a este conjunto de muertos alrededor del momento del nacimiento. Salvo uno, todos los enterramientos se encuentran a los pies del altar y la mayoría de ellos están casi perfectamente alineados (fig. 2).

Comparten con el resto de los enterramientos la orientación, con la cabeza al oeste y los pies hacia el este, como es habitual en las tumbas cristianas. La mayoría de ellos consisten en una fosa simple excavada en la tierra, sin otra estructura, sobre la que se depositaron los individuos, fosas que siempre se encontraron colmatadas de tierra. Todos los individuos se localizaron en decúbito supino, a excepción de uno situado en decúbito lateral izquierdo, siendo la disposición de los miembros variable (extendidos, semiflexionados, con los brazos estirados a lo largo del cuerpo o cruzados sobre el torso o el abdomen) (fig. 3).

La estimación de la edad de muerte realizada en el laboratorio a partir del tamaño de los gérmenes dentales en calcificación ofreció como resultado edades ligeramente inferiores a la edad gestacional a término (aproximadamente 40 semanas). Se interpreta que es un resultado normal, ya que no siendo posible determinar la causa última de su muerte, es probable que cualquiera que se propusiera estuviera relacionada con

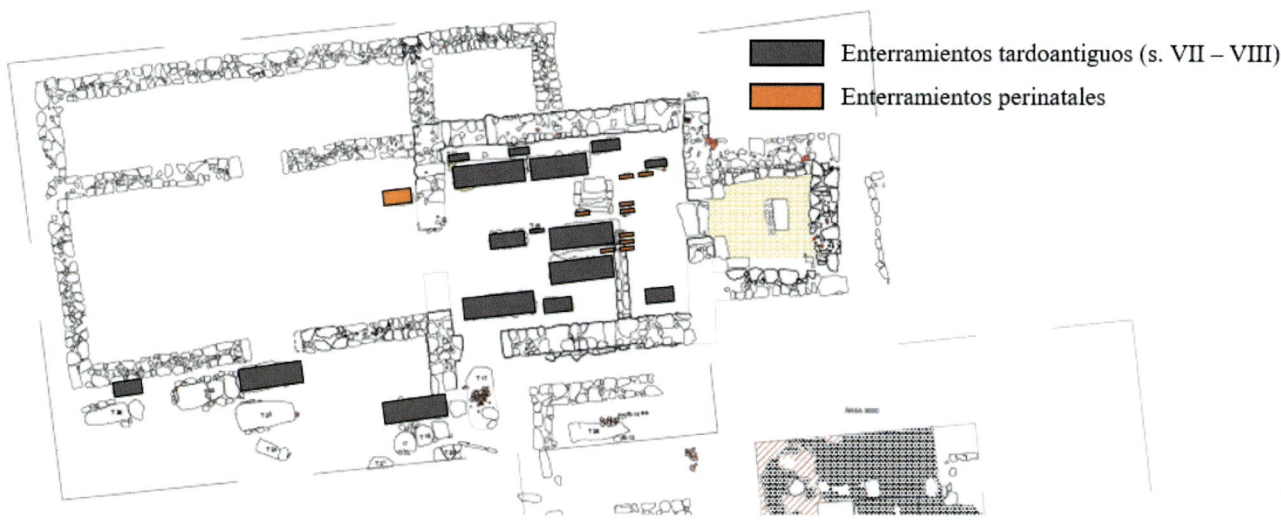

Figura 2. Situación de los enterramientos perinatales en la nave de la iglesia.

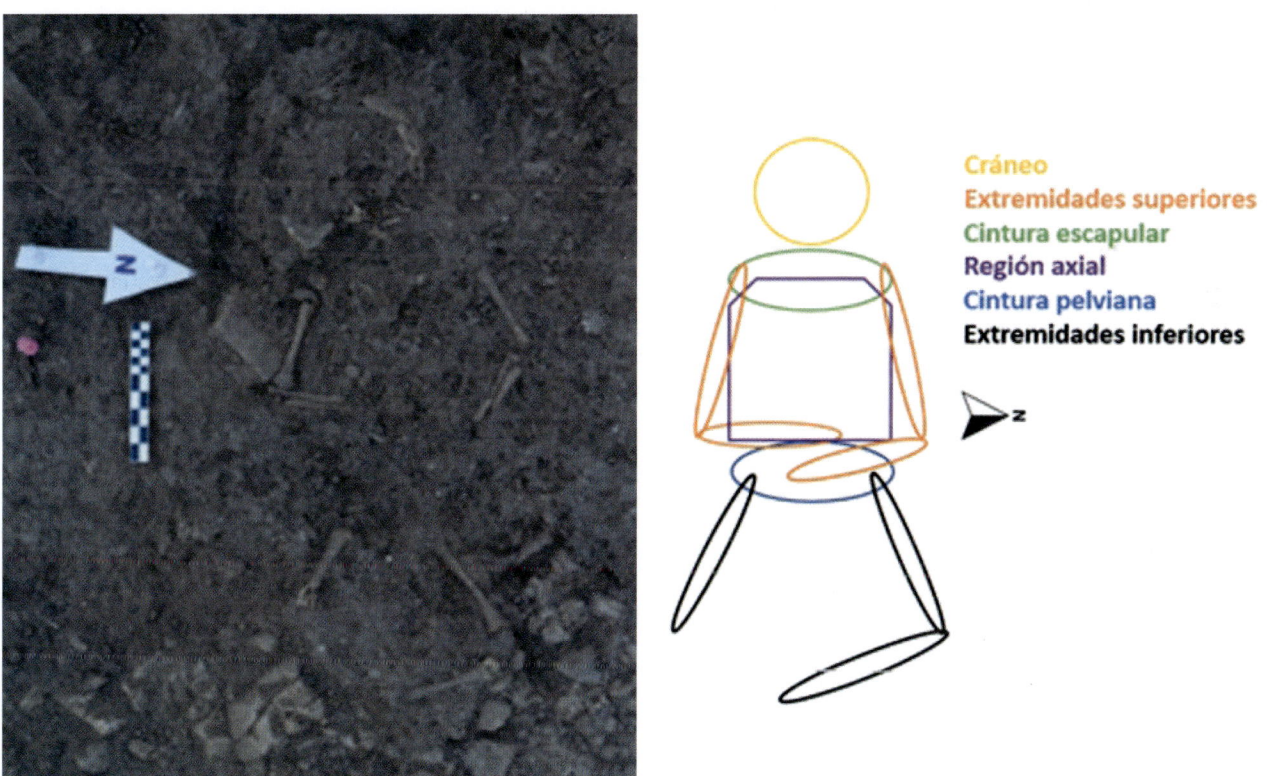

Figura 3. Enterramiento infantil 3. Izquierda: restos encontrados en el enterramiento. Derecha: representación de la posición del esqueleto en el enterramiento.

Figura 4. Enterramiento infantil 6. De izquierda a derecha, posición de los restos encontrados (LAPP), reconstrucción del enterramiento (autores: Equipo Arqueológico de El Rebollar/Esperanza Martín) y falanges con manchas de óxido de cobre (LAPP).

un menor crecimiento intrauterino o con cierta prematuridad.

Es importante destacar que dos de los enterramientos de este conjunto, los más centrados con respecto al eje mayor del templo, se encontraron asociados a monedas. Se trata de ajuares puntuales, pero muy significativos, porque en ambos casos se ha podido determinar que se trata de blancas del reinado de Enrique III y Juan II, de la primera mitad del siglo XV, lo que permite establecer una datación bastante concreta para los dos individuos. En la excavación de uno de ellos pudo determinarse que la moneda se había depositado entre las manos del bebé, lo que se corroboró en el laboratorio al observar que algunas de sus pequeñas falanges estaban teñidas de color verde, probablemente óxido de cobre procedente de esa moneda (fig. 4).

Conclusiones

No es frecuente que los trabajos arqueológicos relacionados con los enterramientos humanos ofrezcan como resultado la posibilidad de establecer vínculos entre los hallazgos realizados y manifestaciones culturales concretas o fenómenos socioculturales precisos. Sin embargo, en esta ocasión se ha podido documentar un tratamiento funerario excepcional que no ha sido descrito más que en unas pocas ocasiones en España. Sin querer restar ninguna importancia al resto de evidencias arqueobiológicas encontradas en la iglesia, es necesario destacar este grupo de enterramientos tan especial porque sus características nos han permitido relacionarlos con los "santuarios de resurrección momentánea" franceses y con el rito de los bautismos de urgencia.

LA ARQUEOFAUNA DE LA IGLESIA DE EL REBOLLAR: DESDE LA FASE VISIGODA AL PERIODO BAJOMEDIEVAL Y MODERNO

ARTURO MORALES MUÑIZ*,
RAQUEL DOTES GÜENDIAN**,
TOMÁS TORRES MEDINA**,
MARÍA JOSÉ LUCIÁÑEZ SÁNCHEZ*
ÁMBAR MARTÍNEZ MADRID*
JAVIER SALIDO DOMÍNGUEZ***

Introducción: Importancia del estudio de la fauna arqueológica

Raro es el yacimiento arqueológico que carezca de restos animales. Las más de las veces estos son huesos, pero, dependiendo del lugar, en otros casos dominan las conchas. Lo que no resulta tan evidente, al tratarse de restos casi microscópicos, es que los pequeños invertebrados, como los insectos, arácnidos y ciertos gusanos, suelen ser frecuentes en casi cualquier depósito arqueológico cuyo sedimento haya sido excavado con meticulosidad.

El estudio de cualquier fauna arqueológica debe iniciarse durante la excavación, aplicando técnicas adecuadas tanto de documentación previa a la extracción de una pieza (p. ej., fotografía y cartografiado), como de recuperación (p. ej., el cribado o la flotación), siglado y catalogación tras la extracción que aseguren su correcta localización dentro del yacimiento como la cadena

* Laboratorio de Arqueozoología. Universidad Autónoma de Madrid.
** Laboratorio de Poblaciones del pasado, Universidad Autónoma de Madrid.
*** Departamento de Prehistoria y Arqueología. Universidad Autónoma de Madrid.

de custodia hasta alcanzar el laboratorio donde se analizará.

Existen muchas técnicas para analizar los restos de fauna. Aunque, en principio, todo análisis comienza con la identificación anatómica y taxonómica del resto, en el caso de los pequeños invertebrados es necesario extraerlos antes del sedimento, lo cual requiere operaciones tediosas por el cuidado que precisan y el tiempo que consumen. A efectos de identificación, resulta imprescindible disponer de colecciones de referencia adecuadas, así como de publicaciones pertinentes, siendo a veces útil el uso de colecciones digitalizadas disponibles en la red. En los huesos analizamos posteriormente las marcas que presentan en superficie puesto que estas, donde se incluyen categorías tales como las huellas de corte, mordeduras, aplastamientos, quemaduras y otras muchas, permiten evidenciar la trayectoria tafonómica (la "historia") del resto desde antes de incorporarse al depósito arqueológico hasta llegar a nuestras manos. Otras rutinas analíticas como medir, pesar, evaluar el estado de desgaste (dientes) o de fusión de las epífisis (huesos), etc., son similares a las que emplean los antropólogos con restos humanos y nos permiten conocer, entre otros, la talla, el sexo y la edad de un individuo, así como determinadas enfermedades, traumas o alteraciones que marcaron su vida. Por último, la fauna puede ser fundamental de cara a conocer el entorno de un yacimiento.

Todas esas técnicas, que consideramos clásicas por centrarse sobre el resto a nivel macroscópico, se ven ahora complementadas por el estudio de sus moléculas sean estas del tipo que fuere. Entre estas técnicas, denominadas genéricamente "biomoleculares", destacan los análisis de ADN, del colágeno y de ciertos elementos químicos llamados isótopos estables. Estas técnicas permiten un sinfín de insospechadas aplicaciones, como, por ejemplo, identificar a especie restos no identificables con las técnicas clásicas, determinar la raza en animales domésticos, conocer la temperatura o la salinidad del ambiente donde vivió el propietario de un resto, averiguar su origen, si local o foráneo, precisar tipos de tratamientos que sufrió su carne, inferir la ruta seguida hasta alcanzar el depósito y otro sinfín de cuestiones que hace apenas dos décadas nos hubieran parecido ciencia ficción. Y todo esto, que no cesa de crecer a nivel metodológico, es solo el principio del estudio, por cuanto se circunscribe a la información que podemos deducir a partir de un único resto. Cuando esta información se combina con la de la totalidad de la muestra estudiada y esta, a su vez, se coteja con la de otros registros del mismo yacimiento y se compara posteriormente con la de otras colecciones de la zona, idéntica época, etc., la cantidad de cuestiones susceptibles de ser resueltas con un buen análisis de fauna no solo es enorme, sino que, además de sobre los animales, nos informa acerca de infinidad de cuestiones sobre los humanos que convivieron con estas faunas y los modos de vida que desarrollaron sus poblaciones.

Las arqueofaunas de El Rebollar: ¿dónde y cómo aparecen los restos?

La información que obtenemos de un yacimiento arqueológico es generalmente parcial y limitada porque actuamos sobre un espacio concreto dentro de un asentamiento de mayores dimensiones y, salvo que podamos excavar todo el emplazamiento, un fenómeno poco habitual, tenemos que trabajar sobre unos datos concretos representativos del yacimiento analizado. En el caso de El Rebollar hemos podido documentar la existencia de cuatro edificios, de los cuales conocemos en detalle solamente la iglesia visigoda que se reforma y reocupa en época bajomedieval y que es objeto de esta monografía. Aunque la información está condicionada al espacio estudiado, en el caso que aquí presentamos es interesante porque en su estudio han participado un amplio elenco de especialistas permitiendo ofrecer un estudio multidisciplinar del edificio.

En el caso de El Rebollar abordamos un estudio que es amplio a nivel temporal por haber sido el edificio ocupado, de forma intermitente, durante mil años, aunque limitado a nivel espacial y en lo referente al tipo de construcción. Respecto a la cronología, disponemos de información de un edificio que fue construido a mediados del siglo VII y que se mantuvo ocupado hasta finales del VIII d. C. (Fase 1), con una primera reforma realizada en algún momento de esa ocupación (Fase 1b), y a la que le sucede un periodo prolongado de abandono con alguna frecuentación del edificio en el siglo IX d. C. Entre finales del siglo XIV e inicios del XV se reconstruye el edificio (Fase 2) y, a comienzos del XVI, se reforma, lo que indica que se mantiene en uso como lugar de culto hasta finales de ese siglo (Fase 3). En el siglo XVII cambia su funcionalidad y deja de ser un espacio religioso para convertirse en un espacio de reunión o habitacional hasta el primer tercio del siglo XVIII (Fase 4). En este marco cronológico el yacimiento de El Rebollar es muy interesante porque ofrece información de la fauna del periodo visigodo (siglo VII), de la época bajomedieval (siglos XIV y XV) y moderna (XVI y XVII). Este análisis se puede acometer gracias a que hemos podido documentar perfectamente las unidades estratigráficas y la secuencia de ocupación del yacimiento. En tal sentido, el trabajo de campo debe ser meticuloso en lo referido a la documentación fotográfica y planimétrica de los hallazgos, así como la recogida del material en la unidad estratigráfica en la que aparece, etc., para llevar al laboratorio esos restos con toda la información que ofrecen respecto al lugar donde se localizaban y así poder estudiarlos en su contexto histórico-arqueológico. Sin embargo, como indicábamos anteriormente, el registro arqueológico resulta limitado en la medida en la que analizamos un edificio que formaba parte de un emplazamiento de mayor entidad que todavía no hemos podido estudiar. Además, la fauna toda ella procede del interior de una iglesia. Llegados a este punto nos debemos preguntar, ¿cómo es posible encontrar fauna en el interior de un edificio religioso? La respuesta es sencilla: la mayor parte del material recogido en este edificio, como la cerámica o la lítica, corresponde a objetos de uso cotidiano que fueron depositados intencionadamente para rellenar y nivelar el suelo en cada fase constructiva de la iglesia, donde las osamentas animales se emplearon como aporte de aque-

llos suelos. Por tanto, ese material quedó sepultado en un momento determinado y se puede fechar por asociación con los materiales junto con los que fue vertido. En el caso de El Rebollar, hemos también datado algunos restos de fauna de unidades estratigráficas seleccionadas a través de radio-dataciones de Carbono 14. Los resultados ofrecen idéntica cronología que la aportada por los tipos cerámicos quienes suelen ofrecer dataciones más precisas por responder a modas y gustos propios de cada época. En cualquier caso, la datación radiocarbónica de la fauna ha aportado información fundamental para definir la secuencia temporal de ocupación del edificio confirmando la información cronológica ofrecida por las cerámicas.

En definitiva, los datos que ofrecemos son el resultado de una excavación que nos permite analizar los restos faunísticos en su contexto, es decir, el lugar que ocupa dentro del edificio y, sobre todo, en relación con la secuencia de ocupación y al periodo al que corresponde. Así es posible tener un conocimiento aproximado sobre la fauna de cada uno de los periodos históricos en que fue construido, reformado y reocupado este edificio (tablas 1 y 2).

¿Qué información aportan las faunas visigodas de El Rebollar?

A pesar de lo reducidísimo de las muestras (hablamos de un total de 156(+) restos que incluyen 74 piezas sin identificar), es mucho lo que la información faunística nos ofrece (figs. 1 y 2). Para empezar, nos encontramos ante depósitos de naturaleza mixta, por cuanto debemos distinguir entre fauna resultado de la actividad humana y aquella incorporada al depósito sin el concurso humano ("autóctona"). Dentro de la primera, distinguimos faunas domésticas que podemos desglosar en cabañas ganaderas, aves de corral y animales de compañía, caso del perro, pero también fauna cinegética, donde, en la fase visigoda de la ocupación, situaríamos provisionalmente al conejo. La fauna "autóctona" sería intrusiva en la medida que "contamina" los sedimentos arqueológi-

Taxón	UE1000	UE2000	UE9000	UE10000	Tumbas	TOTAL
Vaca, *Bos taurus*	-	8	-	-	-	8
Oveja, *Ovis aries*	-	3	-	-	-	3
Ovicaprinos	-	5	-	-	-	5
Cerdo, *Sus domesticus*	-	-	-	2	-	2
Perro, *Canis familiaris*	-	1	-	-	-	1
Gallina, *Gallus domesticus*	-	4	-	-	-	4
Mugilidae (cf. *Chelon labrosus*)	-	-	-	-	1	1
Ranita de San Antón, *Hyla arborea*	-	-	-	-	3	3
Lagarto (¿ocelado?), *Lacerta* cf. *lepida*	-	-	-	-	1	1
Lagarto/lagartija, *Lacerta* sp.	-	-	-	-	1	1
Ofidio indeterminado	-	-	50	-	-	50
Ave indeterminada	1	-	-	-	-	1
Roedor indeterminado	-	1	-	-	(+)	1(+)
Conejo, *Oryctolagus cuniculus*	-	1	-	-	-	1
Total identificado	1	23	50	2	6(+)	82(+)
Restos sin identificar	21	12	6	35	-	74
TOTAL	**22**	**35**	**56**	**37**	**6(+)**	**156(+)**

Tabla 1. Vertebrados de la Fase 1 desglosados según sectores (unidad estratigráfica, UE) y estructuras (tumbas). Los roedores de las tumbas (cistas) no han sido aún contabilizados. Autores: LAZ-UAM.

Taxón	Tumba 4*	Tumba 6*	Tumba 18	Tumba 22	TOTAL
Oribatidae	16	12	2	6	36
Tyrophagus sp. (Astigmata)	44	-	-	-	44
Prostigmata	1	2	-	1	4
Acari indeterminado	-	-	1	1	
Garypinidae	-	1	-	-	1
Aracnidae	-	1	-	-	1
Collembola (Entomobryidae)	1	-	-	-	1
Coleoptera	1	3	1	-	5
Anopheles sp. (Nematocera)	-	-	1	-	1
Chironomidae (Nematocera)	-	-	-	2	2
Siphonaptera	-	-	1	-	1
Globodera sp.	1	1	-	1	3
Total identificado	**64**	**20**	**6**	**11**	**101**

Tabla 2. Invertebrados de la Fase 1 desglosados por tumbas (*sarcófagos: los enterramientos de las tumbas 18 y 22 fueron en cista). Autores: LAZ-UAM.

cos. Ello pudo ocurrir mientras duró la ocupación, así como una vez que el lugar quedó abandonado. Esta fauna intrusiva se reparte por doquier, si bien la recuperación meticulosa que se hizo del sedimento dentro de las tumbas sitúa la mayoría, incluida la totalidad de los invertebrados, dentro de aquellas estructuras.

El estado de conservación de los restos varía lo suficiente como para concebir diferentes trayectorias tafonómicas en cualquier grupo. Así, vemos como, tanto vertebrados como invertebrados, se conservan mejor en los sarcófagos que en las tumbas en cista donde el aislamiento del suelo sería mucho más deficiente. Por ello, aunque consideramos intrusiva la totalidad de la fauna de las tumbas, a excepción de una escama de mugílido (cf. *Chelon labrosus*) en T6 (tabla 1 y fig. 4), son solo las tumbas en cista (T18 y T22) las que incorporan vertebrados intrusivos, caso de las ranas y los roedores (tabla. 1). Estas intrusiones, inferidas asimismo por raíces y esporas de hongos (en las tumbas en cista) y por materia vegetal diversa (en los sarcófagos), refieren numerosas historias. Entre estas, destacamos aquí como la presencia de larvas y adultos de escarabajo remiten a estancias prolongadas de estos insectos en los sarcófagos y como el peine genal de la pulga (Siphonaptera), recuperada en T18, corresponde a un género (*Ctenophthalmus*) que no parasitiza humanos sino a roedores de quienes dicha tumba contiene numerosos restos (fig. 1). Quizás el dato más interesante, dentro de este capítulo sería la presencia del género *Globodera* (gusano nemátodo), específico de cultivos de solanáceas. A esta familia pertenece la berenjena (*Solanum melongena*), que nos consta introducida en España por los musulmanes. Por ello, dado que esta primera fase de la ocupación se extiende hasta el final del siglo VIII d. C., es muy posible que este gusano nos esté indicando indirectamente contactos de la población local con los invasores. Estas tres pinceladas sirven para enfatizar el valor de los invertebrados como bioindicadores de la historia tafonómica de cualquier yacimiento arqueológico. La contaminación de las tumbas por parte de éstos, como por los vertebrados, se explicaría por el entorno favorable que unos y otros encontrarían dentro de las sepulturas,

tanto como refugio durante la época más inclemente del año –cuando muchos de estas especies hibernan– como por encontrar aquí la materia orgánica que consumen.

Fuera de las tumbas, posiblemente debido a una recuperación menos meticulosa de los restos, la fauna intrusiva se limita a los vertebrados, destacando aquí el acúmulo de vértebras de una serpiente en la UE9000, un lugar donde la recuperación de un cráneo de caballo en una etapa posterior de la ocupación apuntaría a la existencia de un muladar, cuyas carcasas habrían podido servir de refugio al ofidio durante su letargo invernal (fig. 2).

Queremos también advertir que, al igual que ocurre con cualquier conjunto de fauna arqueológica, tenemos en El Rebollar algunos taxones que resultan difíciles de encuadrar dentro de un grupo tafonómico concreto. Tal sería el caso del resto mencionado de conejo (UE 2000) y otro de paseriforme (pájaro) indeterminado en la UE1000, que podrían representar tanto fauna cinegética como intrusiva, acentuada esta última posibilidad, en el caso del lagomorfo, por sus hábitos zapadores.

La fauna doméstica de la etapa visigoda, antes lo dijimos, es paupérrima lo que obliga a ser cautelosos con cualquier inferencia. Quizás lo más destacable sea la elevada contribución del vacuno, que superaría incluso la del ovino, lo que aproximaría el desglose de cabañas pecuarias a la situación que caracteriza, desde la prehistoria, a zonas más septentrionales de la península ibérica como el alto valle del Duero, Galicia o la cornisa cantábrica. Por lo que se refiere a los pequeños rumiantes, todas las piezas identificadas a especie en esta fase, con excepción de una posible cabra, pertenecían a la oveja, lo cual no encajaría bien con un entorno serrano, con abundante bosque/sotobosque, más propicio para un animal que ramonea, como la cabra, que para otro que pasta (oveja). La contribución del ganado de cerda, que tomaremos con precaución porque la fragmentación de los restos impide certificar si esta pequeña muestra podría incluir restos del jabalí, no destaca ni por su abundancia ni por su escasez. Más destacable resulta la

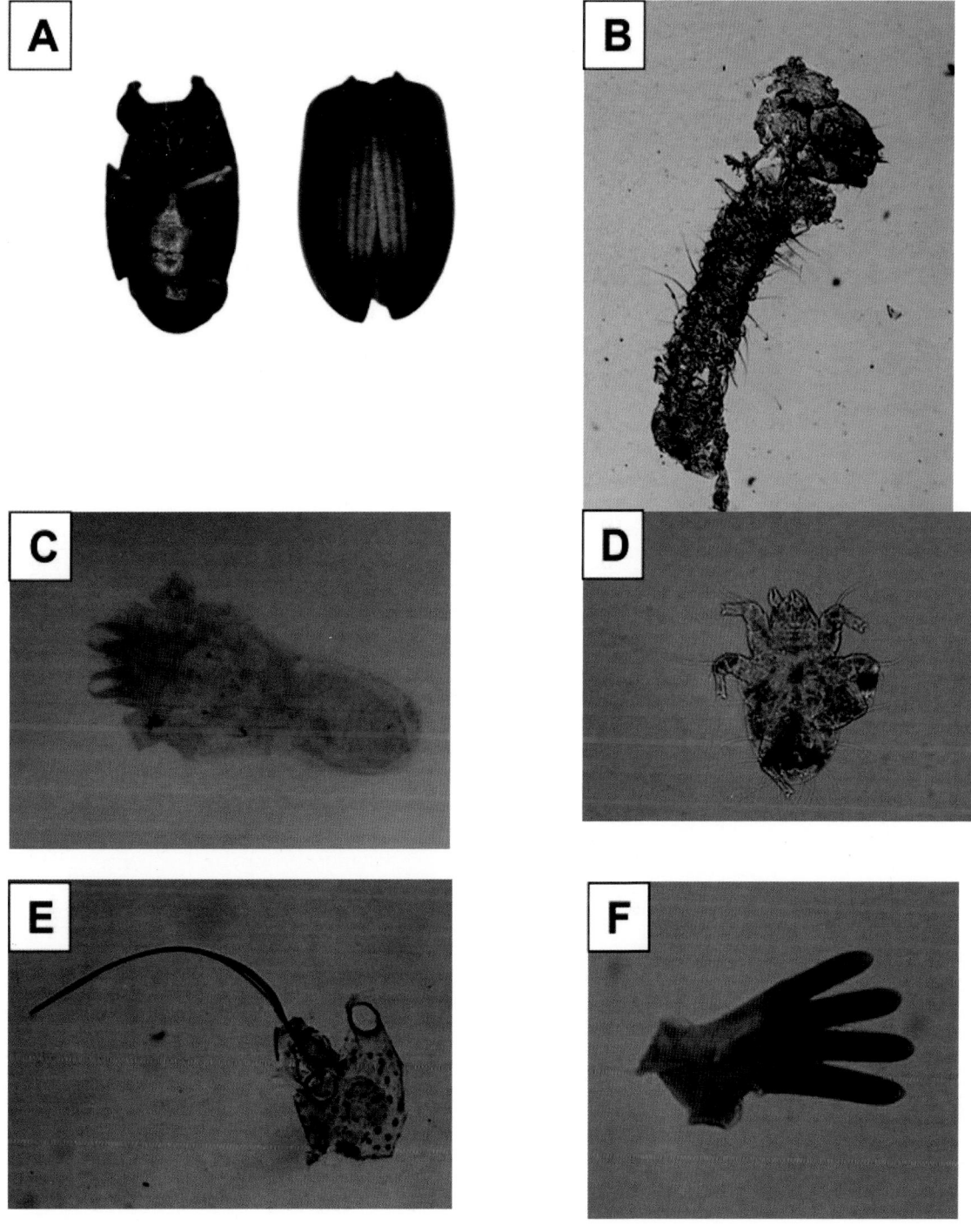

Figura 1. Selección de restos de invertebrados de las tumbas de El Boalo. A) élitros de *Dermestes macalaus* (escarabajo); B) larva de escarabajo; C) Garypinidae (pseudoescorpión); D) *Tyrophagus* sp. (Ácaro astigmátido); E) muda de Nematocera (mosquito *Anopheles* sp.); F) Peine genal de *Ctenophthalmus* (pulga de roedor). Autores: LAZ-UAM.

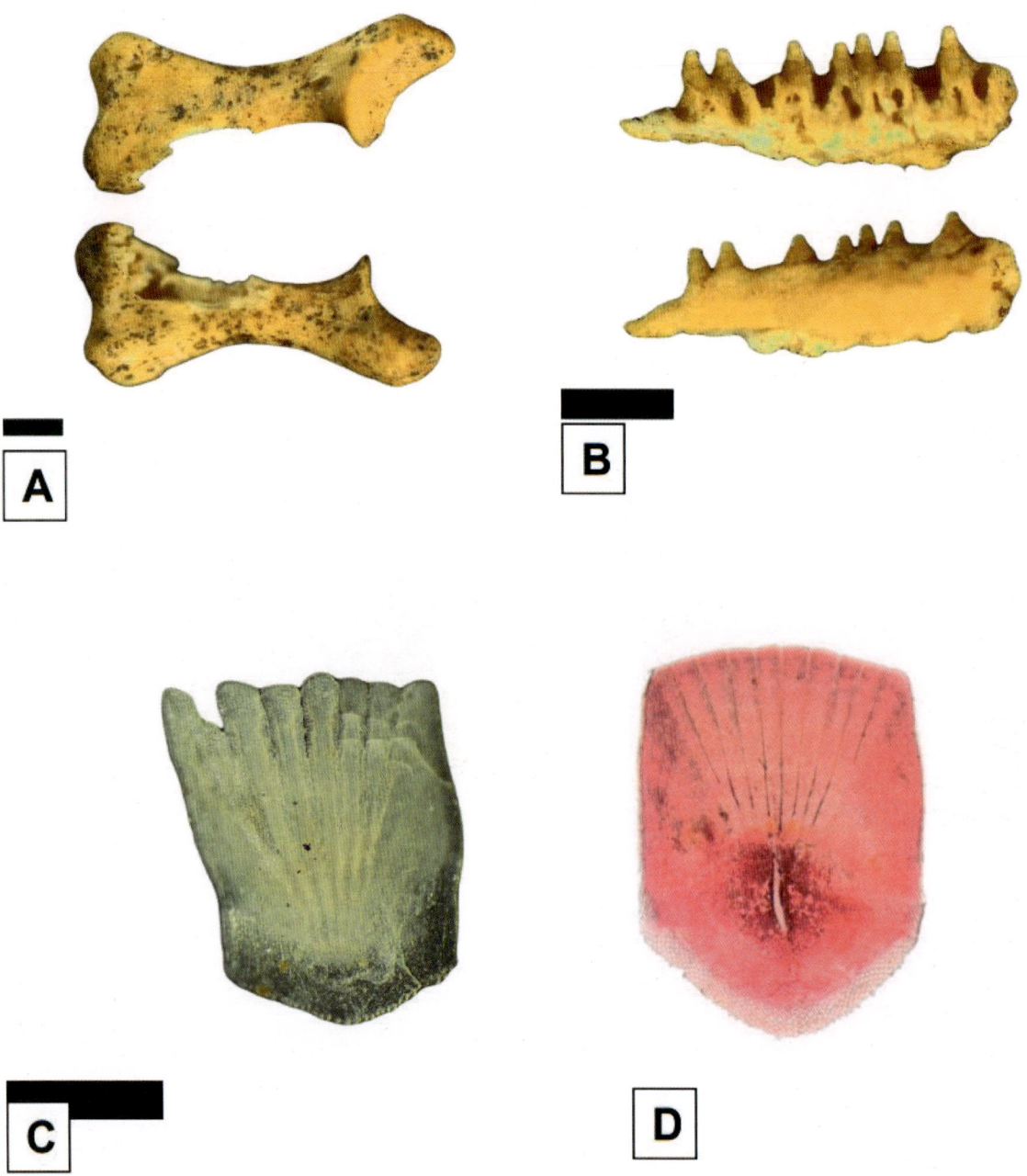

Figura 2. Selección de microvertebrados recuperados en las tumbas de El Rebollar. A: maxilar de lagarto o lagartija (*Lacerta* sp.); B: radio-ulna de posible ranita de San Antón (cf. *Hyla arborea*); C: escama de mújol (cf. *Chelon labrosus*) de la tumba 18; C: escama del pedúnculo caudal de *Liza aurata*. Autores: LAZ-UAM.

ausencia de restos de équidos, por cuanto las acémilas se antojan cabañas interesantes tanto para economías agrícolas como pastoriles. Esto nos hace pensar que, al igual que inferíamos con un posible muladar en la UE9000, las carcasas de las acémilas se hubiesen depositado alejadas del núcleo habitacional (fig. 3).

Otro aspecto que destacar de las cabañas es que el 88% de los restos con edad estimada representen adultos, siendo el resto sub-adultos. La ausencia de individuos infantiles, juveniles y neonatos apunta a una economía donde la carne sería el último recurso del aprovechamiento de las reses. Ello nos lleva a pensar en

Figura 3. (Margen inferior derecho): fragmentación exhibida por los huesos en El Rebollar; selección de huesos con distintos tipos de marcas. *a*) costilla de oveja mordida; *b*) carpal de vaca seccionado; *c*) esquirla carbonizada; *d*) astrágalo (taba) de oveja seccionado; *e*) pelvis de vaca con huellas de corte; *f*) vértebra de vaca con huellas de corte; *g*) fragmento erosionado de tibia de vaca; *h*) costilla de oveja con cortes paralelos. Autores: LAZ-UAM.

productos secundarios como sustentadores de la explotación pecuaria, con independencia de la modalidad practicada. En el caso del porcino, esta ausencia de no adultos nos hace incluso plantearnos una cría de montanera y no tanto asociada al hogar, con el cerdo criándose a pequeña escala. La ausencia de gatos, por último, cabría explicarla en función de la baja frecuencia que normalmente supone el felino dentro de la fauna doméstica, frecuencia que acentúa su comportamiento de alejarse de cualquier presencia humana cuando barrunta su muerte.

Por lo que se refiere al entorno de El Rebollar durante la etapa visigoda disponemos de una serie de bioindicadores, como la ranita de San Antón y los dípteros (tanto los mosquitos del género *Anopheles* como los quironómidos) que nos informan sobre la presencia de agua, tanto de charcas oxigenadas, en el caso del anfibio y los mosquitos, como otras de carácter más anóxico (quironómidos). Las larvas de mosquito se sitúan bajo la superficie en tanto que las de los quironómidos se encuentran en fondos fangosos. Todas estas especies están activas en primavera y verano, lo que nos proporciona una señal estacional, pero durante la etapa de frío, la rana suele buscar refugio y ello quizás explique su aparición dentro de una de las sepulturas. La presencia de la escama del mújol (Cf. *Chelon labrosus*) remitiría, en cambio, a un río, aunque no resulta fácil de interpretar por cuanto puede representar un animal capturado aguas abajo (los mújoles remontaban el Tajo hasta Toledo antes del represado sistemático de este río en el pasado siglo). Con independencia de todo lo anterior, de lo no hay duda es de que la presencia de clamidosporas y la semilla de una planta acuática en las tumbas en cista evidencia que, en algún momento o momentos, entró bastante agua en la zona de recogida de las muestras.

Por lo que respecta a los ambientes terrestres, los pequeños roedores, lagartos y lagartijas no son buenos bioindicadores por habitar indistintamente en una gran variedad de entornos. Entomóbridos y humerobátidos, en cambio, gustan de vivir entre la hojarasca por lo que ocupan el nivel de descomposición superficial del suelo

forestal. Su presencia, por tanto, indica bien la proximidad de bosques, bien abundante cobertura vegetal cerca de los enterramientos.

Aun así, la mayoría de los pequeños invertebrados que recuperamos remiten a relaciones entre humanos y esta fauna. Tenemos así evidencias de plagas agrícolas como la araña roja (*Tetranychus sp.*), que ataca a distintos cultivos, y ácaros del género *Tyrophagus,* que causan estragos en alimentos almacenados, además de reacciones alérgicas en la piel. Un último grupo de las sepulturas, los escarabajos dermésticos, se alimentan de restos humanos en descomposición (tabla 3).

Una comparativa de la fauna doméstica de El Rebollar con la de los escasos yacimientos visigodos madrileños con fauna estudiada incide sobre alguno de los aspectos comentados. Así, además del contraste que supone la apreciable presencia del equino en estos yacimientos asentados en fértiles tierras de cultivo en fondos de valle, otra llamativa diferencia de los tres con El Rebollar es la significativamente menor contribución del ganado vacuno (tabla 3). Estamos, por tanto, ante un rasgo singular que señala la importancia de esta cabaña

Cabaña	El Rebollar	Buzanca	La Indiana	Gózquez
Equino	-	14,5%	10%	10%
Vacuno	44,5%	23,6%	32,7%	29,2%
Ovicápridos	44%	48%	40,7%	56,5%
Porcino	11,5%	14%	16%	4%
Total cabañas	18 (100%)	4.320 (100%)	1.822 (100%)	3.422 (100%)
Perro	5%	11,8%	3,3%	2,2%
Gato	-	2%	9,4%	0,3%
Total domésticos	19	5.032	2.108	3.520

Tabla 3. Relación de faunas domésticas en El Rebollar y otros depósitos visigodos de la provincia de Madrid. Se divide esta fauna en cabañas de interés pecuario y animales de uso individual (los porcentajes de estos últimos se calculan sobre el total de mamífero doméstico en tanto que los de los primeros excluyen al perro y al gato). Autores: LAZ-UAM.

para las gentes que se asentaron en este piedemonte de la sierra de Guadarrama. Al tiempo, y dado que la vacuna es una cabaña de pasto, el hecho vendría a explicar que la totalidad de los ovicaprinos de El Rebollar fuesen ovejas, otro hecho singular de esas cabañas (en los yacimientos visigodos de la meseta madrileña la oveja dominó a la cabra en proporciones que oscilaron entre mínimos de 3:1 en Gózquez, a máximos de 11:1 de Buzanca, algo que no refleja la tabla 3). Por lo que se refiere al porcino, la contribución de esta cabaña en El Rebollar coincide básicamente con lo constatado en La Indiana y Buzanca y remitiría a una putativa abundancia del porcino que muchas fuentes históricas atribuyen a los visigodos como pueblo centroeuropeo, abundancia que ya en 1992 fue cuestionada con datos arqueozoológicos de numerosas faunas visigodas ibéricas y que en el Madrid visigodo cuestionarían los bajos valores del porcino en el poblado de Gózquez. En el caso del perro, la abundancia de El Rebollar se sitúa a medio camino entre los máximos de Buzanca (recordémoslo, el asentamiento visigodo, tras El Rebollar, con mayor proporción de ovejas frente a cabras) y los mínimos de Gózquez (tabla 3). En la Indiana la llamativa alta proporción de gatos se explica por el carácter de muladar del depósito donde se recuperaron centenares de osamentas de esta especie.

¿Continuidad o cambio?: la secuencia faunística de El Rebollar

Valorar las diferencias en el espacio es solo parte de esta historia. En la tabla 4 se ofrecen las faunas de vertebrados de los cuatro momentos que abarca la ocupación de El Rebollar. También aquí apreciamos coincidencias y diferencias con lo previamente comentado.

Un primer punto, que indirectamente remite al grado de fragmentación de las muestras, es el porcentaje que suponen los restos no identificados sobre el total estudiado. En la etapa visigoda (Fase I: ss. VII-VIII), ese porcentaje asciende al 42% del total, lo cual no sorprende dado que cuanto más antiguo un depósito, tanto más

acusado suele ser el deterioro de sus restos y tener casi la mitad de lo estudiado sin identificar no parece trivial. Lo sorprendente es que dicha fragmentación se intensifica en la etapa bajomedieval [Fase 2 (ss. XIII-XV): 71% no identificable], alcanzando su máximo en el siglo XVI (Fase 3: 91% no identificable), para situarse en su mínimo en la última ocupación correspondiente al siglo XVII (Fase 4: 27%) (tabla 4). Este gradiente se antoja contraintuitivo, por cuanto cabe suponer que cuanto más antiguo un depósito más posibilidades de deterioro de sus restos, e indica que otros factores estarían determinando la integridad de las osamentas (p. ej. ¿una más prolongada exposición de restos en superficie durante las Fases 2 y 3?).

Restringiéndonos a la fauna identificada, la contribución de las cabañas domésticas parece en cambio seguir una tendencia más predecible por cuanto, a excepción de la última fase, su abundancia no deja de incrementarse con el tiempo (Fase 1: 22%; Fase 2: 68%; Fase 3: 100%; Fase 4: 85%) (tabla 4). En efecto, si consideramos que existiría una correlación entre el tiempo transcurrido desde la formación de un depósito y su posibilidad de ser contaminado por fauna intrusiva, cabe suponer que la contribución de la fauna original de un depósito sobre el total de la acumulada en el mismo no haría sino descender a medida que pasase el tiempo (el monopolio de las cabañas domésticas que refleja la Fase III es probablemente un efecto estocástico derivado del minúsculo tamaño de esa muestra (13 restos identificados; tabla 4).

Dicho esto, veremos que es dentro de las cabañas domésticas donde las diferencias temporales se antojan más interesantes. En efecto, si bien con el tiempo vemos que los valores de la cabaña de ovicaprinos se mantienen estables a todos los efectos (F1: 44%; F2: 37%; F3: 38,5%; F4: 38%), el vacuno acentúa su presencia con el tiempo (F1: 44,5%; F2: 61,5%; F3: 61,5%; F4: 52%), en tanto que el porcino sufre un drástico declive desde la etapa visigoda (F1: 11%; F2: 1,5%; F3: 0%; F4: 4%) (tabla 4). Los equinos, mientras tanto, hacen una tímida aparición en la Fase 2 (1,5% de las cabañas), que se acentúa al final de la ocupación (Fase 4: 6%) (tabla 4).

Taxón	Fase 1	Fase 2	Fase 3	Fase 4	TOTAL
Equido, *Equus* sp.	-	1	-	7	8
Vaca, *Bos taurus*	8	40	8	61	117
Oveja, *Ovis aries*	3	7	1	19	30
Ovicaprinos	5	17	4	26	52
Cerdo, *Sus domesticus*	2	1	-	5	8
Perro, *Canis familiaris*	1	1	-	1	3
Gallina, *Gallus domesticus*	4	8	-	13	25
Mugilidae (cf. *Chelon labrosus*)	1	-	-	-	1
Ranita de San Antón, *Hyla arborea*	3	-	-	-	3
Sapo, Bufo/*Epidalea* sp.	-	1	-	1	2
Lacerta lepida	-	19	-	1	19
Ofidio indeterminado	50	-	-	-	50
Ave indeterminada	1	-	-	-	1
Roedor indeterminado	1(+)	-	-	-	1 (+)
Conejo, *Oryctolagus cuniculus*	1	2	-	3	6
Zorro, *Vulpes vulpes*	-	-	-	1	1
Total identificado	80(+)	97	13	139	329(+)
Restos sin identificar	74	246	137	53	510
TOTAL	**154(+)**	**343**	**150**	**192**	**839 (+)**

Tabla 4. Relación de las faunas de vertebrados en las etapas de ocupación de El Rebollar. (+) refiere los roedores recuperados en la tumba T18 de la Fase 1 que no han sido aún contabilizados. Autores: LAZ-UAM.

Todo lo anterior nos permite pensar que la economía pecuaria centrada en el pastoreo en torno a este asentamiento se acentúa con el tiempo sin que ello nos permita confirmar la consolidación en El Rebollar de una estrategia pecuaria estante (agraria) como tampoco la acentuación de una economía pastoril (trashumante) como respuesta a la instauración de la Mesta y de la Cañada Real Segoviana, próxima al asentamiento, creadas por Alfonso X el Sabio en 1273. Pero, con independencia que desconocemos si el arranque de la Fase 2 de El Rebollar coincide con estos momentos de creación de la Mesta, parece claro que este fenómeno no parece traducirse en un auge del ovino. En ese contexto, se nos antoja más interesante la aparición del equino y, sobre todo, la drástica caída del ganado de cerdo en esta Fase 2 por cuanto serían estas cabañas las que remitirían a un descenso del mundo agrícola local en la zona al tiempo potenciado por su condición de vía de paso de rebaños en momentos concretos del año. Desde luego, lo que parece claro es que el declive del porcino en la Fase 2 no estaría reflejando influencia musulmana de ningún tipo.

A modo de reflexión

Este estudio, como suele ser norma, genera más preguntas que respuestas, pero estas preguntas, por el hecho de estar mejor definidas, de alguna manera nos sitúan en la senda de futuras soluciones. La impresión general que genera esta fauna visigoda es la de un mundo agrario serrano donde la ausencia de acémilas proporciona una impresión de aislamiento.

En ese mundo, el pastoreo del vacuno y la oveja determinaría un tipo de economía pecuaria que bien podría encontrar paralelos con el de la cordillera cantábrica hasta hace poco tiempo. Muestras de mayor envergadura hubieran permitido vislumbrar la estructura demográfica de esas cabañas y determinar si, como parece, el aprovechamiento de los rumiantes estaría centrado sobre productos como la leche y la lana y confirmar si la demografía del porcino evidenciaba picos de sacrificio, lo que no parece sea el caso con la información de la que disponemos. Por ello, aceptamos como hipótesis pendiente de verificar que el ganado porcino fue, desde la etapa visigoda, una cabaña de montanera cuyo aprovechamiento se asemejaría más con la caza que con la cría controlada.

¿En qué medida son las muestras estudiadas representativas de la fauna originalmente depositada en el sedimento? Sobre esta cuestión reposan no pocas elucubraciones que, de momento, nos abstendremos de exponer. Pero si este supuesto mundo, no solo visigodo, aislado en algún momento conectó con el exterior a través de La Mesta, las señales a nivel de cabañas serían muy claras, con evidencias de estacionalidad en la estructura demográfica de los rebaños, las líneas de incremento de los dientes y las huellas de los isótopos de carbono y nitrógeno para inferir la dieta en los huesos y las de los isótopos de oxígeno y estroncio dentario para inferir la procedencia de los animales y los rangos de temperaturas que habrían sufrido a lo largo de sus ciclos anuales.

¿Qué ocurriría eventualmente si se estudiasen los invertebrados fuera de las tumbas y de otras fases? ¿Y cuándo se complete el estudio de los microvertebrados? ¿cambiarían estos resultados? Sin duda, por cuanto la naturaleza de la ciencia es, por definición, dinámica. Pero en este caso pensamos que los nuevos datos se circunscribirían, sobre todo, a definir mejor las características del entorno y en mucha menor medida a revelarnos aspectos relacionados con la salud e higiene de las poblaciones humanas.

DEL ABANDONO DEL ASENTAMIENTO A SU RECUPERACIÓN COMO BIEN DE INTERÉS CULTURAL

EL ABANDONO DE LA IGLESIA

JAVIER SALIDO DOMÍNGUEZ*,
ROSARIO GÓMEZ OSUNA**,
ELVIRA GARCÍA ARAGÓN**

Las últimas etapas de la iglesia de El Rebollar supondrán un cambio en el uso del edificio. La función de centro de culto religioso desempeñada a lo largo de diez siglos termina. Los niveles arqueológicos documentados en la parte superior de la secuencia estratigráfica muestran un aprovechamiento o reutilización del edificio y sus inmediaciones como espacio agropecuario y doméstico.

Se localiza una gran zona de combustión sobre el suelo de mortero de cal de la cabecera (fig. 1). También en la nave y en la ampliación oeste aparecen señales evidentes de realización de fuegos. Además, se documentan depósitos y bolsadas de cenizas con abundantes restos óseos de fauna y materiales cerámicos fechados en los siglos XVII y principios del XVIII (fig. 2). La cantidad de piezas recuperadas en estos depósitos y niveles de derrumbe y colmatación, atestiguan que el edificio de El Rebollar se trata ahora de un asentamiento con un uso agropecuario. Entre los materiales recuperados destaca por la abundancia de piezas la cerámica. También los materiales de construcción, además de alguna otra pieza singular como una navaja articulada localizada en la cabecera y fechada ya en este periodo (fig. 3). Asociado a este momento, también se remodela la entrada a la cabecera con la colocación de bloques de piedra que

Figura 1. Restos de combustión sobre el suelo 3 de mortero de cal de la cabecera. Autores: Equipo Arqueológico de El Rebollar (El Boalo).

anulan el escalón inferior y forman una única plataforma de acceso.

---

* Departamento de Prehistoria y Arqueología. Universidad Autónoma de Madrid.
** Arqueóloga. Equipo A de Arqueología.

Figura 2. Restos óseos de fauna localizados en uno de los depósitos de ceniza. Autores: Equipo Arqueológico de El Rebollar (El Boalo).

Figura 3. Navaja articulada localizada sobre el suelo 3 de la cabecera después de los trabajos de restauración del SECYR. Digitalización: Salido Domínguez. Autores: Equipo Arqueológico de El Rebollar (El Boalo)/ Fotografías: SECYR.

La explicación del cambio de uso del espacio puede estar relacionada con cuestiones de organización eclesiástica ante una nueva administración parroquial, así como ser el reflejo del cambio demográfico sufrido en la zona durante el siglo XVII.

No se documentan signos de uso del edificio ni estructuras con posterioridad a las últimas evidencias de combustión, lo que nos indica que el edificio colapsaría completamente a inicios del siglo XVIII.

Su ubicación en el cerrillo de El Rebollar, visible desde la vía de paso cercana, explican que el emplazamiento siga siendo frecuentado posteriormente a su ruina. Los materiales y las monedas de los siglos XVIII y XIX, localizados en las unidades estratigráficas más superficiales del yacimiento, son indicativo de esta frecuentación. El hallazgo aislado de un botón de época de Isabel II con el busto de la reina en su niñez (cronología 1833-1850) es un ejemplo de este tránsito de personas por el espacio (fig. 4).

El abandono del emplazamiento se confirma también por medio de la documentación escrita. En los libros de difuntos conservados de El Boalo, entre 1723 y 1796, se nombra a Nuestra Señora de El Sacedal como

Figura 4. Anverso y reverso del botón del reinado de Isabel II (1833-1850) después de los trabajos de restauración del SECYR. Digitalización: Salido Domínguez. Autores: Equipo Arqueológico de El Rebollar (El Boalo)/ Fotografías: SECYR.

uno de los altares de la iglesia parroquial de El Boalo. Es probable que esta imagen fuera la titular de la ermita identificada casi un siglo antes. El traslado de la ermita a la parroquia confirmaría la dinámica que se ha observado en otras localidades próximas en esas fechas, cuando el abandono progresivo de las ermitas de su término provoca la concentración de su culto en altares secundarios de las iglesias parroquiales de las Villas. En el caso de El Boalo se confirma que hasta finalizar el siglo XVII había una ermita con la advocación de Nuestra Señora del Sacedal. Parece que la ermita desapareció con el cambio de siglo, pero el culto a dicha imagen se mantuvo tiempo después en la parroquia. En el siglo XVIII tanto a Cerceda (1747), como a El Boalo y a Mataelpino (1751), se les concede el título de Villa y El Boalo es citado como barrio conjunto con Mataelpino.

Durante los siglos XIX y XX, el cerrillo de El Rebollar, enmarcado por las carreteras de Collado Villalba a Manzanares El Real y por la de El Boalo, formará parte de las zonas de pasto y de cultivo del entorno del núcleo de población de El Boalo. Las imágenes aéreas históricas y la información oral de los vecinos de la localidad, aportan información sobre los usos más recientes del espacio. A mediados del siglo XX, el emplazamiento de El Rebollar se incluía en una finca cercada más amplia donde hubo una mina y posteriormente una repoblación de pinos (fig. 5). Es en este momento, cuando al descubrirse una serie de sepulturas y restos arqueológicos, se tienen las primeras noticias del yacimiento. Tras varios hitos en la historia de las investigaciones, el futuro del yacimiento pasa finalmente del abandono a la recuperación y puesta en valor.

Figura 5. Fotografía aérea histórica de la zona del yacimiento arqueológico El Rebollar (El Boalo, 1958). Fuente: Visor CartoMadrid, Consejería de Medio Ambiente, Vivienda y Agricultura.

LA RESTAURACIÓN PARA LA DIFUSIÓN

JOAQUÍN BARRIO MARTÍN*,
MARÍA CRUZ MEDINA**,
BÁRBARA MARTÍN**,
CRISTINA BRIONES**,
MANUEL BLANCO**,
PATRICIA DE LA CALLE**,
AMAIA ALDAZABAL**

Una responsabilidad compartida entre la Restauración y la Arqueología

La responsabilidad de la Arqueología, como ciencia nuclear, pero a la vez diversa en sus ámbitos de actuación, implica tanto a la investigación arqueohistórica como a la conservación de los bienes muebles e inmuebles que se recuperan en los yacimientos arqueológicos (Barrio 2023). Y por supuesto es imprescindible conseguir una difusión clara a la sociedad. La cultura material recuperada de El Rebollar no escapa a este axioma. Para llevar a cabo el estudio minucioso de estas piezas, como se pone de relieve en páginas precedentes, ha resultado imprescindible abordar antes su restauración. Pero también esta actuación es necesaria si estas piezas van a formar parte del discurso expositivo de cualquier Museo o exposición. Que se haya hecho dejadez de esta responsabilidad en otros tiempos, no justifica que se sigue haciendo; y este proyecto da buena fe de ello con este trabajo al unísono.

Es obvio, por tanto, que hay múltiples conexiones e imbricación de las tareas restauradoras en el campo de acción de la Arqueología, entendida como ciencia en toda su amplitud y complejidad. En un sentido parejo al que ofrece la Arquitectura cuando se trata de actuar en la restauración de estructuras que precisan la intervención para poder ser conservadas y musealizados. Es obvio que la restauración no es un ámbito que pueda desgajarse de los cometidos científicos de los estudios arqueológicos, pues la responsabilidad de la Arqueología, tal como se está entendiendo en la actualidad y tal como se recoge en nuestras normas legales y deontológicas, va más allá de la recuperación y estudio de la cultura material y las estructuras de los yacimientos donde desarrolla su labor con una metodología propia, sino que se extiende a garantizar la conservación de estas obras para el disfrute actual y de las generaciones futuras. Esta responsabilidad con los bienes arqueológicos también cabe ser exigida a la Restauración, que hoy como ciencia autónoma cuenta con las capacidades, procedimientos y competencias para cumplir con ella.

En este sentido, se puede hablar de responsabilidades compartidas en la defensa y transmisión del Patri-

* Departamento de Prehistoria y Arqueología – SECYR. Universidad Autónoma de Madrid
** SECYR. Universidad Autónoma de Madrid.

monio Arqueológico de cara al futuro. La Restauración dotada hoy de un amplio bagaje científico-tecnológico conlleva en su desarrollo una actividad en la aportación de conocimiento que no puede desgajarse de la Arqueología. Durante el proceso restaurador se generan muchos datos de carácter científico de las piezas o de las estructuras cuyo valor es indiscutible en el ámbito arqueológico, pues permite progresar en la investigación propia de estudio de las culturas y sociedades del pasado. Por eso indefectiblemente las acciones de restauración y conservación están profundamente implicadas en la Arqueología como ciencia.

La restauración del Patrimonio Arqueológico no debe tener un carácter extraordinario, sino que debe de ser una acción permanente y continuada, no sólo a la par del desarrollo de la investigación arqueológica de campo y de gabinete, sino cuando estos bienes patrimoniales han pasado a estar integrados en las colecciones de un Museo. Y ello en razón de que estos objetos o estructuras arqueológicas están constantemente sujetos a fenómenos de deterioro provocados por las propias condiciones medioambientales o por la acción antrópica, y, por tanto, necesitados en todo momento de unos cuidados de conservación.

Esta posición que manifiesto sobre la intrínseca relación de la investigación arqueológica y las tareas restauradoras encuentra su apoyo en una dinámica bien reconocible en el contexto internacional desde mediados del siglo XX. Si se hace un repaso somero en documentos internacionales (Macarrón *et al.*, 2019: 140-ss), se percibe cómo la vinculación entre conservación-restauración y arqueología está presente desde los primeros momentos en que contamos con referencias de normativas ampliamente respaldadas en organismos de gran prestigio a nivel mundial o a escala europea. Por hacer referencia sintética, se pueden considerar éstas: *Carta de Nueva Delhi* –UNESCO– de 1956 (arts. 7, 10, y 21), *Convenio Europeo de Londres para la protección del Patrimonio Arqueológico* –Consejo de Europa– de 1969 (art. 3, c), *Convención de París sobre la protección del patrimonio mundial, cultural y natural* –UNESCO– de 1972 (arts. 4 y 5), o la *Carta de Lausanne Internacional*

para la Gestión del Patrimonio Arqueológico, –ICOMOS, UNESCO– de 1990 (arts. 5, 6 y 7) que nos presenta una visión bien actual de cómo entender toda la actividad arqueológica como una tarea integrada. Y un último documento, *la Carta de La Valetta, Convenio Europeo sobre la protección del Patrimonio Arqueológico* –Consejo de Europa– de 1992; en él vuelven a aparecer el estudio científico y la conservación de los restos extraídos en las excavaciones como dos tareas conjuntas del Patrimonio Arqueológico (art. 1.2.a). Pero será especialmente el art. 5, en el apartado con la denominación "Conservación integrada del patrimonio arqueológico", donde la Arqueología destaca como aglutinadora de todas las acciones que han de proporcionar la consecución del objetivo principal: la protección del conjunto de los bienes arqueológicos.

Por tanto, la restauración y conservación sustentan su inserción en el marco de la ciencia arqueológica sobre la misma base metodológica que diferencia a nuestra ciencia, la Arqueología, de otras ramas de la Historia: la recuperación y estudio de los elementos materiales. Son estos mismos restos de las culturas del pasado, muebles o inmuebles, y no otra cosa, también el objetivo principal de la acción de la restauración y conservación.

La intervención en las piezas[1]

¿Cómo se inicia la restauración de una pieza arqueológica?

Todo se inicia con el estudio y documentación detallada de los objetos para conocer bien su composición y su estado de conservación. Esto se realiza mediante un examen *in situ* durante la excavación arqueológica y en el momento de su descubrimiento y extracción con el

[1] En el proyecto de la restauración y estudios científicos de las piezas de El Rebollar, además de los firmantes de este trabajo, han participado Patricia de La Calle y Amaia Aldazabal, a quienes agradecemos su trabajo. Toda la documentación inédita detallada figura en los *Informes Finales* de estos proyectos ejecutados desde 2019 a 2023, y financiados por la Dirección General de Patrimonio Cultural de la Comunidad de Madrid.

fin de tener una idea inicial de su estado de conservación, y de una manera más detallada en el laboratorio se aborda la investigación en cada pieza, examinando bajo lupa binocular y aplicando según necesidades específicas técnicas de análisis disponibles en tanto en el SECYR como FRX, MicroRaman, LIBS como en otros Labs. de la UAM, como DRX, MEB-EDX, IBA y Cromatografía de Gases. Este estudio de carácter multidisciplinar nos permite visualizar y caracterizar morfológica, estructural y composicionalmente la superficie y el interior de las piezas. Con ello, podemos determinar cómo están elaboradas, conocer los materiales utilizados y sus alteraciones, marcas de uso, etc. Una vez se conoce con detalle el estado de los elementos construidos, así como cada pieza concreta y su grado de alteración, se determina qué propuesta de intervención será necesaria en cada caso, con qué procedimientos concretos idóneos para cada material en lo que compete a su limpieza, consolidación, adhesión, reintegración, estabilización y protección.

Previamente a cualquier acción restauradora sobre objetos patrimoniales, es imprescindible plantearse qué criterios son los van a guiar esta actividad tan determinante para la vida futura de cada pieza (E.C.C.O 2002; Barrio 2002). Guiados por el principio de "mínima intervención", hemos primado las acciones de conservación sobre las de conservación cuando ha sido posible, se ha realizado una investigación multidisciplinar con métodos no invasivos para conocer el estado de conservación, trabajando para recuperar las superficies originales que garantizan la autenticidad y singularidad de cada objeto (Barrio *et al.*, 2021: 35-41). Se han privilegiado las técnicas de intervención más efectivas y seguras para estas piezas, sean tradicionales o contando con la tecnología más innovadora.

Así mismo, en este estudio inicial cuyo fin es determinar con precisión el estado de conservación de cada objeto, resulta muy necesario conocer las condiciones de entorno geoarqueológico y medioambiental del yacimiento de El Rebollar. Estas variables del suelo del yacimiento (Humedad y escorrentías, Temperatura, pH, sales minerales, presión, biodeterioro...) provocan en la materia constituyente de las piezas su transformación química (corrosión, disolución, meteorización, etc.) y física (desprendimientos, grietas, roturas, ruina, etc. También la inercia de la propia excavación arqueológica y la manipulación de cada pieza, por su incidencia física, pueden ser un factor importante de deterioro. A veces, simplemente con retirar la tierra que rodeaba el objeto ya fracturado, éste colapsa ante la falta de sujeción. El objetivo de los conservadores-restauradores en campo es asegurar la conservación de cada elemento, reduciendo el impacto físico y ambiental durante su extracción (es habitual tener que hacer consolidaciones superficiales) que aseguren las mejores condiciones para los objetos muebles durante su embalaje y transporte hasta el laboratorio donde continuarán los tratamientos, ya definitivos.

Por la concisión exigida en esta edición, vamos a centrarnos en tres grupos elementos: 5 monedas árabes de aleación plata-cobre, 2 hebillas de bronce, varios objetos de hierro, 1 botellita de vidrio y 1 botella de cerámica.

¿Cómo se desarrolló el proceso de restauración de estas piezas?

Cualquier restauración responde a una metodología muy precisa, donde cada una de sus fases sigue un desarrollo bien determinado, que es conveniente seguir. Para cumplimiento de este objetivo, el SECYR-UAM tiene una política y un sistema de gestión de calidad (Norma UNE EN ISO 9001:2015), certificado por AENOR, con protocolos de trabajo para cada material de los referidos, y que regulan y aseguran la correcta ejecución del trabajo de conservación-restauración y de análisis científico en nuestro laboratorio (Medina 2022). La definición de todos los procesos en un ámbito multidisciplinar es un principio fundamental del SECYR y es una seña de nuestra identidad.

La naturaleza propia de la composición matérica de cada objeto precisa un tratamiento de restauración específico detallado en unas técnicas de trabajo, e incluso, dentro de cada grupo alguna pieza concreta puede requerir modificaciones al protocolo de trabajo básico debidas a problemática de deterioro específica o a la consideración de un criterio de restauración más apropiado en función de una necesidad conservativa, de estudio o de musealización singular.

Las monedas andalusíes (SECYR 975 a 979)

Los cinco dírhams encontrados en la *tumba 16*, están fechados en el siglo IX, época emiral y se corresponden a acuñaciones de al-Hakam I (810-817 d. C.) teniendo en cuenta el patrón medio –plata/cobre– de emisión de estos años (90/95% Ag). Fueron hallados en la pri-

mera campaña de excavación, en 2018 (Salido Domínguez *et al.,* 2020). Presentaban un buen estado de conservación; podían leerse e identificarse incluso antes de la limpieza. El examen óptico ya reveló una tecnología de calidad, la presencia de un núcleo metálico estable, libre de focos de corrosión activa y una gran pureza de la plata, que luego fue confirmada por la analítica con SEM-EDX. Las piezas aparecieron completas, ligeramente cubiertas por depósitos de tierras del yacimiento, acumulados en torno a los relieves de las inscripciones. Bajo el binocular se apreciaban pequeños daños puntuales, como picado, rayado o levantamientos superficiales, fruto del uso y desgaste de las monedas (fig. 1).

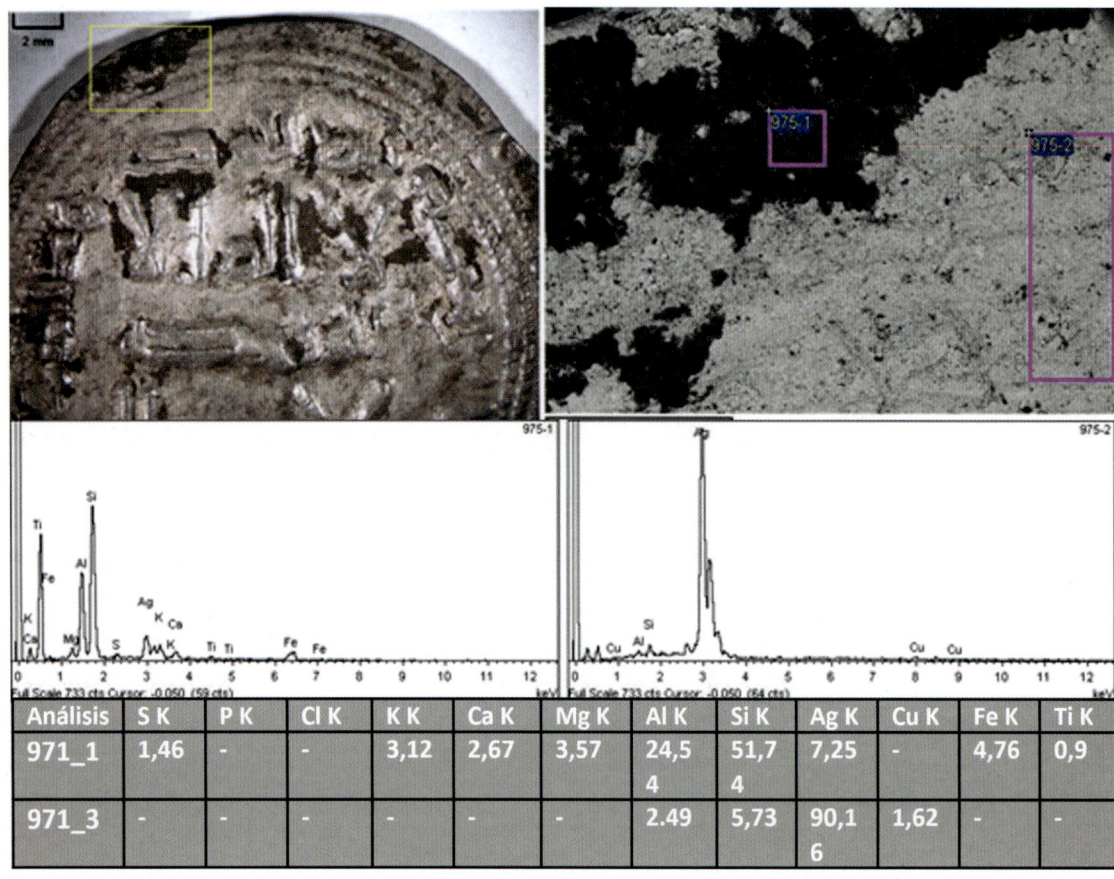

Análisis	S K	P K	Cl K	K K	Ca K	Mg K	Al K	Si K	Ag K	Cu K	Fe K	Ti K
971_1	1,46	-	-	3,12	2,67	3,57	24,54	51,74	7,25	-	4,76	0,9
971_3	-	-	-	-	-	-	2.49	5,73	90,16	1,62	-	-

Figura 1. Dirham SECYR 979. Arriba izqda., zona analizada en la moneda, dcha. imagen BSE de la zona analizada. Centro izqda. detalle de imagen BSE en área de pátina de microanálisis EDX 979-1, dcha. espectro con picos de plata y azufre. Abajo Tabla con los valores de los elementos identificados en por EDX, expresados en % atómico. Autores: SECYR-UAM.

Se realizó un estudio más completo de dos dírhams (SECYR 975 y SECYR 979), analizando en SEM-EDX su composición, sus productos de corrosión y sus depósitos superficiales (fig. 2). Asimismo, se tuvo detalle de la topografía de las piezas, las inscripciones y los pequeños daños. La primera de ellas conservaba el color de la plata original y la segunda tenía una pátina negra muy homogénea, que EDX confirmó de sulfuro de plata, más habitual en los objetos de plata histórica que en los procedencia arqueológica por ser común su generación al aire en ambientes con contaminantes atmosféricos de azufre (Selwyn, 2004; Barrio Martín *et al.*, 2021; Costa, 2001; Vassiliou & Gouda, 2013).

Se valoró como una pátina que este dirham tuviese antes de producirse su enterramiento. También se pudieron registrar depósitos terrosos identificados principalmente como silicatos y, en las zonas más limpias y claras, apenas se detectaron cloruros, no cuantificados (Pardo Naranjo *et al.*, 2022).

El objetivo de la intervención realizada en estas monedas era facilitar una lectura más precisa de las inscripciones y los detalles del cuño, y esto requirió una limpieza leve, que consistió en eliminar mecánicamente los depósitos terrosos con pinceles suaves y torundas de algodón, en seco o puntualmente humectadas en etanol, sin ejercer presión sobre la plata para no bruñirla. Si-

1 mm

Figura 2. Dirham. Detalle de la misma moneda antes de la limpieza. Se distingue la pátina negra y las tierras se acumulan entre las gráfilas. Autores: SECYR-UAM.

guiendo el criterio de mínima intervención, se respetó la pátina sulfuro de plata en la pieza SECYR 979, ya que no afectaba negativamente a la estabilidad de la moneda y tampoco impedía su lectura (Pardo Naranjo *et al.*, 2022, 164). Por último, y tras secarlas en la estufa (100 ºC durante 24 horas), se aplicó una capa de protección de cera microcristalina (Cosmolloid H-8® al 5% en White Spirit®). En unas condiciones de conservación preventiva de HR controlada y alejadas de contaminantes de base sulfurosa y emanaciones de ácidos orgánicos, estas monedas de base plata se deberían poder mantener sin inconvenientes en condiciones excelentes en el futuro.

Hebillas de bronce (SECYR 967 y 968)

Las dos hebillas también estaban estables químicamente: la primera se conservaba completa salvo la aguja y, la segunda, había perdido en torno al 70% de la pieza; sin embargo, en ésta el estado del metal era excelente con buen núcleo metálico y pátina de tenorita muy estable. No se identificaba ningún foco de corrosión, simplemente acumulaciones de tierras en pequeños orificios. Su buen estado de conservación, así como el color y compacidad de aleación eran llamativas, por lo que la pieza fue analizada mediante SEM-EDX y dio como

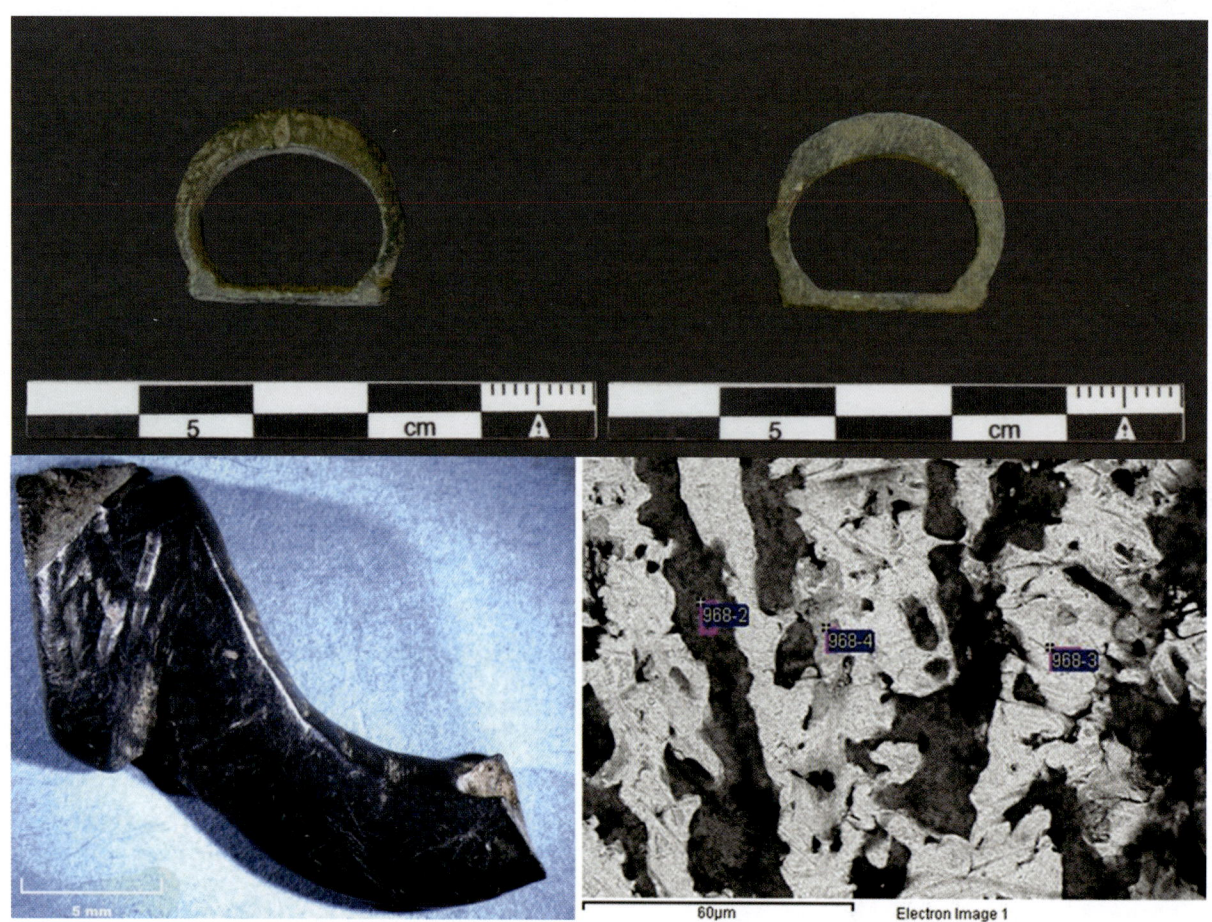

Figura 3. Hebilla (SECYR 967) antes de la intervención. Abajo SECYR 968: Izqda, imagen de la hebilla, dcha, imagen BSE donde se señalan los puntos de microanálisis EDX 968-2 (color gris oscuro), 968-3 (color blanco) y 968-4 (color gris claro). Autores: SECYR-UAM.

resultado una aleación ternaria de cobre, estaño y algo de plomo (figs. 3 y 4).

Con respecto al proceso de restauración, la limpieza fue muy similar a la realizada sobre las monedas de plata. Inicialmente una limpieza mecánica suave de las

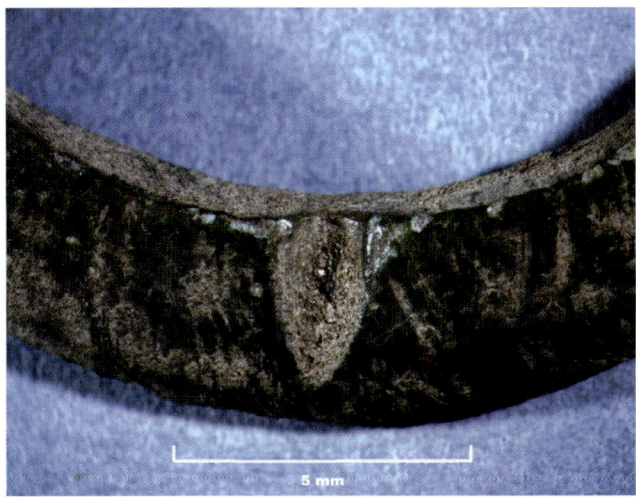

Figura 4. Detalle de la pátina de tenorita de la hebilla, del deterioro de la superficie y de los focos de sales de cobre. Autores: SECYR-UAM.

Figura 5. Proceso de limpieza de la hebilla. A la derecha, superficie cubierta con tierras; a la izquierda, superficie limpia. Autores: SECYR-UAM.

tierras y los productos de corrosión más superficiales, mediante torunda de algodón y agualcohol, siempre bajo binocular. En una segunda fase, para estos bronces se emplearon también instrumental de madera de bambú y el bisturí (fig. 5). No obstante, la fase de estabilización fue específica para cada hebilla; la hebilla fragmentada no requería ni inhibición, ni consolidación. Como medida de protección se aplicó una capa de cera microcristalina Cosmolloid H-80® al 5% en White Spirit®. En cuanto a la hebilla completa, sí recibió un tratamiento inhibidor por inmersión en una disolución de Benzotriazol ®al 3% en etanol; tras dejar evaporar 48h en la vitrina de extracción de gases, se aplicó la doble protección: la primera capa de Paraloid® al 3% en acetona:xileno impregnada con pincel y, una vez seca, la segunda capa de la cera microcristalina.

Objetos realizados en hierro

El resto de los objetos metálicos eran de hierro: una navaja (SECYR 966) y pequeños cuchillos (SECYR 1050, 1051 y 1052), arandelas (SECYR 1042 y 1421) y una aguja (SECYR 1049). Su estado de conservación era mucho más delicado porque en todos los casos el hierro se encontraba mineralizado, casi sin núcleo metálico y, por tanto, eran piezas muy frágiles, con grietas y fisuras importantes. Tenían focos de corrosión activa, lo que llevaba al desprendimiento de lascas. En el caso de la navaja (SECYR 966), este deterioro había provocado la inutilización de la movilidad del resorte y la pérdida de la decoración del mango en uno de sus lados.

Para la limpieza se emplearon métodos mecánicos manuales como brochas y bisturí, siempre con apoyo óptico para mayor control del proceso. También se hizo uso de sistemas microabrasivos como el microchorro con óxido de aluminio (P. máx. 2 bar) con el que se evitaba la presión directa sobre las piezas. Para terminar de limpiar la pieza y estabilizarla se utilizó el láser Nd:-YAG 1064nm Short Free Running (Energía 300-400mJ, Spot 3mm, Fluencia 4,2-5,7J/cm² y Frecuencia 3-6HZ) que, con cada pulso, fue transformando los productos más inestables en Magnetita, un óxido de

Figura 6. Resultado final de la restauración de la navaja y del mango de hierro. Autores: SECYR-UAM.

hierro estable que es la pátina natural del hierro. Seguidamente se secó en estufa durante 48 horas a 50°C, y se consolidó por inmersión en Paraloid® al 3% en acetona:xileno para darle una mayor estabilidad a la navaja. Por último, se aplicó una sola capa de cera microcristalina para protección superficial (fig. 6).

Lamparilla de vidrio (SECYR 982)

En el yacimiento de El Rebollar también se han recuperado pequeños fragmentos de vidrio aislados, que no permiten conocer la forma ni el tamaño del recipiente original, ni tampoco situarlos cronológicamente. La pieza mejor conservada es una pequeña lamparilla incompleta de la que se recuperaron cuatro fragmentos que unían entre sí. El estado de conservación de los pequeños fragmentos de vidrio en general era bueno, sólo presentaban depósitos terrosos del yacimiento y un desvitrificado puntual, por lo que el tratamiento consistió fundamentalmente en una documentación fotográfica exhaustiva y en la limpieza mecánica con un pincel suave de estos depósitos que formaban una película fina y no muy adherida. En el caso de la lamparilla, tras la limpieza se procedió a la adhesión de los fragmentos con resina epoxídica bicomponente específica para vidrio, Araldite® 2020, colocando la pieza sobre una

cama de plastilina, para evitar el movimiento durante la lenta curación del adhesivo.

Los fragmentos del vidrio estaban muy estables y no requerían consolidación ni protección; a partir de ahora, se mantendrían igual siempre que se controlasen los parámetros medioambientales en su exposición o su almacenamiento (Barrio, 2004) (fig. 7).

Botella de cerámica (SECYR 1040)

Con respecto a la botella cerámica fue hallada en 2019 en el interior de una tumba 4 junto al difunto. La pieza mide 27 x 11 x 0,5 cm, está hecha a torno, cocción oxidante y no tiene decoración. Su estado de conservación general es bueno; la botella está prácticamente entera, salvo por la boca fragmentada, una pequeña fractura en el asa por efecto del roce de la cuerda de la etiqueta y una fisura en la base que recorría gran parte del diámetro y preocupaba que colapsara. La superficie estaba cubierta de tierras y se detectaron marcas de uso en forma de arañazos.

Inicialmente parecía tener el interior colmatado, pero una vez eliminadas las tierras de la boca, comprobamos que el interior estaba vacío salvo por algunas tierras y restos de cerámica desprendidos de la pared interior. Para examinar correctamente el interior de la

Figura 7. Lamparilla de vidrio. Izqda. Estado inicial; centro, proceso de unión de los fragmentos, y drcha. después de la restauración. Autores: SECYR-UAM.

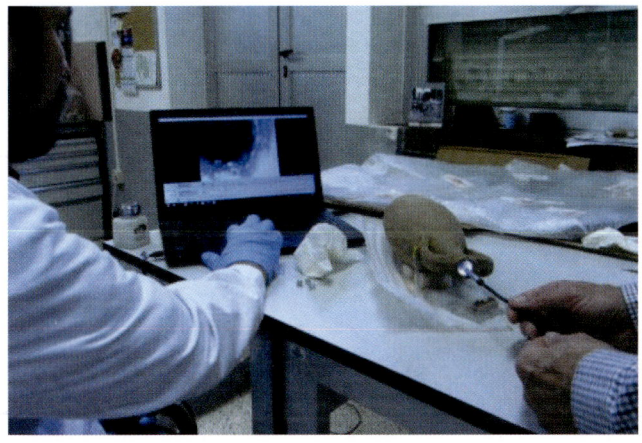

Figura 8. Botella de cerámica. Inspección endoscópica de su interior. Autores: SECYR-UAM.

pieza se empleó un endoscopio y se tomaron muestras del posible contenido (fig. 8); con las cautelas que se requieren los análisis (FTIR y GC-MS), la interpretación más plausible de los cromatogramas indica que el contenido de estas laminillas de cerámica del interior tiene presencia de grasa animal, de resina y de azúcares, tal vez ¿vino? o bien el resultado final de ¿un proceso de biodeterioro? (fig. 9).

El tratamiento de restauración comenzó por una primera fase de limpieza química con una disolución de etanol y agua desmineralizada en una proporción de 70:30. Ahora sí fue precisa la consolidación de la pasta cerámica con una disolución de NanoEstel® en agua desionizada en proporción 1:2 por inmersión. A continuación, la tercera fase consistió en las reintegraciones de la fractura del asa y de la fisura de la base, con masilla plástica (Modostuc®) y pigmentos naturales, a modo de refuerzo y para evitar la pérdida de material. Por último, se realizó una reintegración cromática de las lagunas con acuarelas (Maimeri®) con la técnica de *puntillismo*. (fig. 10).

¿Y después de su restauración qué medidas hay que tomar para su conservación futura?

Todo el procedimiento a seguir una vez restaurados estos objetos recibe el nombre de "conservación preventiva". En la actualidad la conservación preventiva forma el eje nuclear sobre el que pivota todo el trabajo en nuestro campo; definir una estrategia adecuada es la mejor garantía para que las piezas lleguen en las mejores condiciones a las próximas generaciones. La intervención del patrimonio arqueológico no termina

Figura 9. Detalle de imagen endoscópica del interior de la botella y gráfica FTIR de las laminillas (SiDI UAM). Autores: SECYR-UAM.

Figura 10. Botella, izquierda estado inicial de la cerámica, centro detalle del proceso de entonación de la reintegración de la fisura en su base, y derecha, imagen después de su restauración. Autores: SECYR-UAM.

con los trabajos de conservación curativa o restauración. Al contrario, si después del tratamiento no se planifica la conservación preventiva de estos bienes, la estabilización alcanzada no durará y el deterioro comenzará de nuevo. Esto podría suceder con todos los materiales, muebles e inmuebles, de El Rebollar, siendo especialmente sensibles las estructuras que permanecen in situ, así como los metales y los vidrios que acabamos de referir aquí.

La conservación preventiva se define como las medidas y acciones indirectas, que no interfieren con los materiales y las estructuras de los bienes, y que tengan como objetivo evitar o minimizar futuros deterioros o pérdidas (ICOM, 2008; Ward, 1986-2010).

Para los bienes muebles restaurados en el SECYR establecemos a través de nuestros Protocolos certificados unas recomendaciones generales de manipulación y control del medio en el que se van a almacenar o exponer, definiendo las variables en unos rangos según el material del que se trate.

Todas las piezas deben mantenerse en un medio con la temperatura y la humedad relativa controladas, sin grandes fluctuaciones: en una caja cerrada herméticamente o en una vitrina. En el caso de los metales, el umbral de HR recomendado para la conservación de los hierros es igual o inferior al 11% y en el caso de cobre y sus aleaciones puede llegar hasta el 42%. Se recomienda el uso de sistemas de medición ambiental y de absorción de humedad, convenientemente revisados y actualizados. Las piezas metálicas de distinta naturaleza, por ejemplo, de plata y cobre, o cobre y hierro, no deben entrar en contacto, ni tampoco compartir embalaje o vitrina, para evitar futuras corrosiones (CCI 2019).

Las condiciones idóneas para el vidrio y la cerámica son menos exigentes, ya que pueden mantenerse entre el 40 y el 60% de HR, siempre evitando fluctuaciones. La temperatura debe mantenerse lo más estable posible, ya que esta afecta directamente al grado de HR. Con el vidrio, dada su fragilidad, conviene realizar siempre un almacenaje y una manipulación muy cuidadosa (Barrio, 2001).

Con respecto a la naturaleza de los contenedores, ya sean cajas de almacenaje o vitrinas expositivas, es imprescindible emplear materiales inertes que no emitan vapores que pueden llegar a influir negativamente en la conservación de las piezas (Cano 2006, Lafuente 2017).

De cara a la manipulación de las piezas, algo tan fundamental cuando se trata del estudio arqueohistórico de las piezas o de una exposición como la presente, lo más importante es aplicar el sentido común, evitando situaciones de riesgo que puedan implicar caídas, como colocarlas sobre superficies inestables o transportarlas apiladas, sin embalajes de protección. La manipulación directa debe ser cuidadosa y siempre con guantes de nitrilo para proteger tanto a las piezas como al operario, evitando tocarlas directamente con las manos desnudas ya que la grasa de los dedos impregnaría la superficie y podría ser el foco de un futuro deterioro. Tampoco conviene utilizar guantes de algodón porque desprenden fibras que pueden atraer el polvo y la humedad, ni guantes de látex porque dejan partículas de azufre. Nunca agarrar los objetos por zonas frágiles (adheridas o reintegradas), etc.

Finalmente, conviene que todas estas recomendaciones queden fijadas en un Plan de Gestión de Riesgos adecuado a estos objetos, con el fin de garantizar su conservación futura (Pedersoli Jr., J.L., Antomarchi, C. y Michalski, S. (2016): *Guía de Gestión de Riesgos para el Patrimonio Museológico.* ICCROM y Instituto Canadiense de Conservación (CCI).

EPÍLOGO
Del siglo VII al XVII. La perduración de la memoria de un centro de culto milenario
Javier Salido Domínguez y Rosario Gómez Osuna

Las excavaciones arqueológicas dirigidas por Javier Salido Domínguez (UAM) y Rosario Gómez Osuna (Equipo A de Arqueología) y financiadas desde el año 2018 por el Ayuntamiento de El Boalo, Cerceda y Mataelpino, la Dirección General de Patrimonio Cultural de la Comunidad de Madrid y la Universidad Autónoma de Madrid, han puesto al descubierto un yacimiento milenario de notable importancia en la Sierra de Guadarrama fechado entre los siglos VII y XVII d. C.

Hasta el momento se han localizado cuatro edificios: la iglesia visigoda y otras tres construcciones parcialmente excavadas y aún en proceso de estudio. El cerrillo de El Rebollar contiene, además, numerosas tumbas que corresponden a sarcófagos de granito y también tumbas de cista, es decir, formadas por una caja de lajas colocadas alrededor de la fosa con una o varias losas coberteras encima.

En los trabajos de campo, gabinete y laboratorio se aplica un análisis multidisciplinar, según el cual, profesionales de diferente formación y especialidad aplican su conocimiento para ofrecer una lectura histórico-arqueológica coherente con los datos obtenidos en la excavación. En El Rebollar trabajan, además del equipo de arqueólogos (UAM y Equipo A de Arqueología), el Laboratorio de Poblaciones del Pasado (LAPP-UAM), el Dpto. de Geoquímica y Geología, el Laboratorio de Arqueozoología (LAZ-UAM) y para su restauración y conservación el SECYR-UAM. Además de estos equipos participan investigadores de otros centros de investigación nacionales e internacionales, así como profesionales independientes. En 2023 la Fundación PALARQ ha financiado los análisis de ADN de cinco individuos (Proyecto UAM-UCM). Los resultados se presentan a la comunidad científica internacional mediante el OPEN LAB *Heritage for all* realizado en el marco europeo CIVIS de la UAM y dirigido por Javier Salido Domínguez, galardonado con el premio Ciencia

en Español 2023 a la mejor iniciativa de divulgación científica de la Comunidad de Madrid.

De iglesia rural visigoda a ermita del siglo XVI-XVII

La iglesia fue construida en época visigoda durante la segunda mitad del siglo VII d. C. y se mantuvo en uso de forma intermitente hasta la época moderna (siglo XVII). La planta que conocemos es el resultado de un edificio que sufrió reformas y ampliaciones a lo largo de su historia. El edificio de culto visigodo está constituido por una nave rectangular (13 x 7,5 m) rematada al este en una cabecera de planta cuadrangular (2,50 x 2,21 m), donde se produciría la segunda venida de Cristo o *parousia*. Contaba con una estancia anexa al norte y dos accesos, al oeste y al sur. En el aula principal, reservada para los fieles, albergó trece tumbas perfectamente orientadas en el sentido de la nave. Los ajuares y el C-14 de muestras de hueso de los enterrados confirman su datación en la segunda mitad del siglo VII, momento álgido de construcción y uso funerario.

La iglesia se encontraba ya abandonada cuando se ocultó, intencionadamente o no, en su interior un conjunto de cinco dirhams de plata del gobierno de al-Ḥakam I, el tercer emir independiente de Córdoba, entre el 810 y 818 d. C. Este hallazgo es, hasta la fecha, el conjunto más septentrional de todos los conocidos de este periodo y el único localizado en la Comunidad de Madrid.

Después de un abandono de cinco siglos, se reconstruye la iglesia en época bajomedieval, entre finales del siglo XIV e inicios del XV (Fase 2). En este periodo vuelve a recuperar su función como lugar de culto. En la zona central de la nave y por delante de la cabecera, se procede al enterramiento de nueve bebés, de los cuales dos contenían monedas en sus manos. Corresponden a una blanca del reinado de Enrique III y otra de Juan II, acuñada posiblemente entre 1442 y 1454, lo que nos permiten plantear que estos perinatales fueron enterrados a partir de inicios y mediados del siglo XV. A lo largo del siglo XVI (Fase 3) se realiza una reforma importante que afecta a los suelos, lo que indica el interés por mantener vivo el culto. Los materiales asociados a los niveles de derrumbe indican que se abandona definitivamente en el siglo XVII.

El yacimiento de El Rebollar, un pasado sorprendente con proyección de futuro

Cada campaña de excavación en El Boalo ha deparado notables sorpresas localizando la iglesia en la primera campaña, descubriendo su ampliación bajomedieval en la segunda y las tumbas de su entorno en la tercera. En 2021 durante la cuarta campaña se localizó la esquina de un nuevo edificio, excavado casi en tu totalidad en 2022 y en ese mismo año y en 2023 aparecen dos construcciones más. Se confirma así que el Cerrillo de El Rebollar esconde aún estructuras que

requieren de un análisis minucioso para poner en orden la información y, a partir de los materiales asociados, datarlas y ofrecer una lectura coherente en relación con la iglesia visigoda que hemos dado a conocer en esta publicación.

Un hecho destacado en favor de la conservación del yacimiento es la incoación en 2023 del expediente de declaración como Bien de Interés Cultural de la Comunidad de Madrid, en la categoría de Zona Arqueológica. Este reconocimiento como BIC contribuirá en gran medida a la posibilidad de continuar ampliando conocimiento sobre este bien y constituye una medida determinante para su preservación y adecuada puesta en valor.

Es un yacimiento importante por el conocimiento que aporta a nivel histórico de la región y que seguramente, cuando se construya el Centro de Interpretación, se convertirá en un yacimiento didáctico de primer orden que, apoyado por la sociedad como base de su garantía patrimonial, pueda ofrecer una línea de actuación turística dentro del Plan de Yacimientos Visitables de la Comunidad de Madrid. En definitiva, nos encontramos ante un yacimiento vivo, en continua actividad, que seguramente permanecerá como referencia del legado arqueológico regional en el futuro.

PARA LEER MÁS

Referencias bibliográficas específicas del yacimiento

SALIDO DOMÍNGUEZ, J., GARCÍA LERGA, R., GÓMEZ OSUNA, R., GARCÍA ARAGÓN, E., BLANCO DOMÍNGUEZ, M. y BARRIO MARTÍN, J. (2020): "Un nuevo conjunto de monedas emirales del centro peninsular: los dírhams del yacimiento arqueológico de El Rebollar (El Boalo, Madrid)". En *Zephyrus*, 86: 239-257. https://doi.org/10.14201/zephyrus202086239257.

SALIDO DOMÍNGUEZ, J., GÓMEZ OSUNA, R. y GARCÍA ARAGÓN, E. (2021): "El yacimiento del Cerro de El Rebollar, El Boalo. Intervenciones arqueológicas de los años 2018-2019". En *Reunión de Arqueología Madrileña*, 2019: 140-146.

SALIDO DOMÍNGUEZ, J., GÓMEZ OSUNA, R. y GARCÍA ARAGÓN, E. (2022): *Cerro El Rebollar (El Boalo, Madrid). Un centro de culto milenario en la Sierra de Guadarrama. Guía del yacimiento.*

SALIDO DOMÍNGUEZ, J., GÓMEZ OSUNA, R., GARCÍA ARAGÓN, E., GONZÁLEZ, A. y CAMBRA, O. (2022): "La iglesia rural del Cerro de El Rebollar (El Boalo, Madrid): análisis arqueológico y antropológico". En *Actualidad de la investigación arqueológica en España IV (2021-2022): conferencias impartidas en el MAN*, Madrid: 451-468.

SALIDO DOMÍNGUEZ, J., GÓMEZ OSUNA, R. y GARCÍA ARAGÓN, E. (2022): "La iglesia tardoantigua de El Rebollar, El Boalo, Madrid: secuencia crono-estratigráfica y análisis arqueo-arquitectónico. Campañas arqueológicas 2018-2021", En J. Salido Domínguez y R. Gómez Osuna (eds.), *Iglesias tardoantiguas en el centro peninsular*. Editorial Ergástula. Madrid: 89-116.

—(2023): "Dos sarcófagos con ajuar procedentes de la iglesia tardoantigua de El Rebollar (El Boalo, Madrid)". En *Pyrenae*, 54 (1): 197-220.

SALIDO DOMÍNGUEZ, J., GÓMEZ OSUNA, R. y GARCÍA ARAGÓN, E. (2023): "El yacimiento del Cerro de El Rebollar, El Boalo. Intervenciones arqueológicas de los años 2019-2021". En *Reunión de Arqueología Madrileña*, 2022: 33-43.

SALIDO DOMÍNGUEZ, J.: *El yacimiento arqueológico de El Rebollar (El Boalo, Madrid). De iglesia tardoantigua a ermita de época moderna (siglos VII-XVII)*. Dirección General de Patrimonio Cultural de la Comunidad de Madrid.

VV. AA. (2023): *Arqueología accesible. Guía de lectura fácil del yacimiento de El Rebollar en El Boalo*, Madrid.

Otras referencias

ALFARO ASÍNS, C. (1993): "La colección de moneda hispano-árabe del MAN". En *III Jarique de Numismática Hispano-Árabe*. Museo Arqueológico Nacional. Madrid: 39-75.

ALMANSA, J. (2013): *Arqueología* Pública en *España*. JAS Arqueología, Madrid.

ARACIL, E., MARURI, U., GÓMEZ OSUNA, R., COLMENAREJO, F., POZUELO, A., ROVIRA, C. y JIMÉNEZ GUIJARRO, J. (2016): "Dos enclaves minero-metalúrgicos durante la Antigüedad Tardía en el centro de la Península: Navalvillar y Navalahija (Colmenar Viejo)". En *Reunión de Arqueología Madrileña, 2014*. Alcalá de Henares: 247-256.

BARRIO MARTÍN, J. (2002): "Criterios científicos para la Conservación y Restauración del Patrimonio Arqueológico (PArq)". En *Actas Jornadas sobre Patrimonio, CENIM-CSIC, III Semana de la Ciencia, 2002*, Madrid.

—(2004): "La conservación del vidrio arqueológico romano en el Museo. Una propuesta práctica". En A. Fuentes (ed.), *Actas de Reunión Nacional: Jorna-*

das sobre *"El vidrio en la España Romana", Real Fábrica de Cristales /Fundación Nacional del Vidrio, La Granja de San Ildefonso, 18-24 de noviembre 2001*, Segovia: 403-425.

—(2023): "Ciencias del Patrimonio: Responsabilidades compartidas. Una imprescindible práctica colaborativa". En *Jornada sobre participación ciudadana: Redes de Patrimonio Cultural en la Comunidad de Madrid, 14 de diciembre de 2023, Centro el Águila, Comunidad de Madrid.* (Edición en preparación).

BARRIO MARTÍN, J., MEDINA SÁNCHEZ, M. C., CABELLO BRIONES, C., PARDO NARANJO, A. I., DONATE CARRETERO, I. y SERRANO MORENO, J. (2021): *Conservación y restauración de materiales metálicos.* Editorial Síntesis, Madrid.

CABALLERO ZOREDA, L. (2001): "La arquitectura denominada de época visigoda ¿es realmente tardorromana o prerrománica?". En L. Caballero y P. Mateos (eds.), *Visigodos y omeyas: un debate entre la Antigüedad tardía y la Alta Edad Media, Mérida, Anejos de Archivo Español de Arqueología 23,* Madrid: 207-248.

CABALLERO ZOREDA, L. y MEGÍAS PÉREZ, G. (1977): "Informe de las excavaciones del poblado medieval del Cancho del Confesionario, Manzanares el Real (Madrid)". En *Noticiario Arqueológico Hispánico,* 5: 325-331.

CABALLERO ZOREDA, L. y SÁEZ LARA, F. (2009): "La iglesia de El Gatillo de Arriba (Cáceres). Apuntes sobre una iglesia rural en los siglos VI al VIII". En L. Caballero Zoreda, P. Mateos Cruz y M. A. Utrero Agudo (coords.), *El siglo VII frente al siglo VII. Arquitectura (visigodos y omeyas, 4, Mérida 2006), Anejos de AEspA, LI,* Madrid: 155-184.

CANADIAN CONSERVATION INSTITUTE (2019): "Storage of metals". https://www.canada.ca/content/dam/cci-icc/documents/services/conservation-preservation-publications/canadian-conservation-institute-notes/9-2-eng.pdf?WT.contentAuthority=4.4.10, [6 de febrero de 2024]

CANO DÍAZ, E. (2006): "Corrosión en museos y vitrinas: Cuando el enemigo está dentro de casa". En *Revista del Instituto de Prehistoria y Arqueología Sautuola,* 12: 441-450.

CANTO, A. (1988): "Tesoro de moneda emiral del siglo II de la Hégira conservado en el MAN". En *I Jarique de Estudios Numismáticos Hispano-árabes.* Instituto Fernando el Católico. Zaragoza: 147-162.

CANTO, A. (2007a): "Tesoro de la calle 12 de octubre". En *Maskukat. Tesoros de monedas andalusíes en el Museo Arqueológico de Córdoba* [Catálogo de la exposición]. Consejería de Cultura. Córdoba: 18.

—(2007b): "Tesoro de la Alcornocosa (Villaviciosa de Córdoba)". En *Maskukat. Tesoros de monedas andalusíes en el Museo Arqueológico de Córdoba.* [Catálogo de la exposición]. Consejería de Cultura. Córdoba: 18-20.

CASTRO, M. y OLMO, L. (1998): "Proyecto y Memoria de Actuación arqueológica. Necrópolis del cerro del Rebollar, El Boalo, abril y junio de 1998". Informe inédito depositado en 1998 en la Consejería de Educación y Cultura, Comunidad de Madrid, Madrid.

CERRILLO MARTÍN DE CÁCERES, E. (1994): "Arqueología de los centros de culto en las iglesias de épocas paleocristiana y visigoda de la Península Ibérica: ábsides y santuarios". En *Cuadernos de Arqueología de la Universidad de Navarra,* 2: 261-282.

CHAVARRÍA I ARNAU, A. (2018): *A la sombra de un imperio: iglesias, obispos y reyes en la Hispania tardoantigua (siglos V-VII).* Edipuglia, Bari.

—(2021): *Arqueología de las primeras iglesias del Mediterráneo (siglos IV-X).* Editorial Nuevo Inicio, Granada.

—(2022): "Tumbas e iglesias, iglesias funerarias, tumbas sin iglesias en la Antigüedad Tardía. Reflexiones a partir de algunos análisis multidisciplinares". En J. Salido Domínguez y R. Gómez Osuna (eds.), *Iglesias tardoantiguas en el centro peninsular: (siglos V-VIII).* Madrid: 355-376.

COLINO GALLARDO, P., PERAL PACHECO, D. y LABAJO GONZÁLEZ, E. (2013): "Las mandíbulas encontradas en el limbo de Aceuchal (Badajoz): Estudio preliminar". En *V Jornada Científica de la Asociación Española de Antropología y Odontología Forense (AEAOF), Asociación Española de Antropología y Odontología Forense (AEAOF),* Ourense.

COLMENAREJO GARCÍA, F., GÓMEZ OSUNA, R., GARCÍA ARAGÓN, E. y POZUELO RUANO, A. (2022): "Las aldeas, protagonistas de la transformación del paisaje rural durante el periodo altomedieval en la Cuenca Alta del Manzanares (Madrid, España)". En S. Prata, F. Cuesta Gómez y C. Tente (coords.), *Paisajes, espacios y materialidades. Arqueología rural altomedieval en la península ibérica, Access Archeology Archaeopress,* Oxford: 74-88.

COLMENAREJO GARCÍA, F. (2009): "Piedras, piquetas y pinceles: en busca de la Antigüedad Tardía en Navalahija, dehesa de Navalvillar, Colmenar Viejo". En *Cuadernos de estudios: Revista de investigación de la Asociación Cultural "Pico San Pedro", 23*: 69-97.

COLMENAREJO GARCÍA, F. y ROVIRA, C. (2006): "Los yacimientos arqueológicos de Colmenar Viejo durante la Antigüedad tardía". En *Zona arqueológica*, 8 (2): 377-388.

COLMENAREJO GARCÍA, F., ROVIRA, C., PÉREZ MARTÍN, S. y ANTONA, A. M. (2005): *Guía del yacimiento arqueológico de Remedios. Un cementerio rural durante la antigüedad tardía (siglo VII d. C.).* Ayuntamiento de Colmenar Viejo, Colmenar Viejo.

COLMENAREJO, F., GÓMEZ OSUNA, R., POZUELO, A., ROVIRA, C., GARCÍA ARAGÓN, E., JIMÉNEZ GUIJARRO, J. y FERNÁNDEZ SUÁREZ, R. (2016): "Poblamiento durante la Antigüedad Tardía y la Edad Media en la presierra madrileña: Cuenca Alta del Manzanares". En *Reunión de Arqueología Madrileña, 2014.* Alcalá de Henares: 277-286.

COSTA, V. (2001): "The deterioration of silver alloys and some aspects of their conservation". En *Studies in Conservation*, 46 (1): 18-34.

DOMÉNECH, C. (2003): *Dinares, dirhames y feluses: circulación monetaria islámica en el País Valenciano.* Universidad de Alicante, Alicante.

EUROPEAN CONFEDERATION OF CONSERVATOR RESTORERS ORGANISATIONS (2002): "Directrices profesionales: La profesión y su código ético". Documento promovido por la Confederación Europea de Organizaciones de Conservadores Restauradores y aprobado por su Asamblea General. Bruselas, 1 de marzo de 2002. https://www.google.com/search?q=E.C.C.O+(2002)+Directrices+profesionales%3A+La+profesi%C3%B3n+y+su+c%C3%B3digo+%C3%A9tico.&rlz=1C1GCEV_enES962ES964&oq=E.C.C.O+(2002)+Directrices+profesionales%3A+La+profesi%C3%B3n+y+su+c%C3%B3digo+%C3%A9tico.&aqs=chrome..69i57.3j0j9&sourceid=chrome&ie=UTF-8#ip=1 [6 de febrero de 2024].

FERNÁNDEZ CRESPO, T. (2008): "Los enterramientos infantiles en contextos domésticos en la Cuenca Alta/Media del Ebro: a propósito de la inhumación del despoblado altomedieval de Aistra (Álava)". En *MUNIBE*, 59: 199-217.

FERNÁNDEZ OCHOA, C., ZARZALEJOS PRIETO, M. y SALIDO DOMÍNGUEZ, J. (2022): *Tempus Romae: Madrid, encuentro de caminos,* [Catálogo de la exposición]. Museo Arqueológico Regional de la Comunidad de Madrid. Alcalá de Henares.

FROCHOSO, R. (2009): *El dírham andalusí en el Emirato de Córdoba.* Real Academia de la Historia, Madrid.

GARCÍA ARAGON, E. (2013): *Estudio de los enterramientos tardoantiguos y alto-plenomedievales de la Cuenca Alta del río Manzanares.* Trabajo de Fin de Máster inédito presentado en 2013 en la Universidad Autónoma de Madrid, Madrid.

GARNOTEL, A. y FABRE, V. (1997): "La place de l'enfant médievaJ dans l'espace des morts. Apport des fouilles du Lunellois". En *Buchet L, L'enfant, son corps, son histoire.* APOCA Éditions, Sophia Antipolis: 9-24.

GÉLIS, J. (1981): "De la mort à la vie: les sanctuaires à répit. En *Ethnologie française*, 3: 211-224.

GÉLIS, J. (2006): *Les enfants des limbes*. Audibert, París.

GÉLIS, J. (2013): Un Cadavre qui donne des "signes de vie": Le cas de l'enfant mort-né au sanctuaire à répit. En *Techniques & Culture*, 60: 44-59.

GODOY FERNÁNDEZ, C. (1995): *Arqueología y liturgia: iglesias hispánicas (siglos IV al VIII)*. Universidad de Barcelona, Barcelona.

GOMES, C., PALOMO DÍEZ, S., BAEZA RICHER, C., ARROYO PARDO, E. y LÓPEZ PARRA, A. M. (2021): "Capítulo 13: Tipos de polimorfismos y aplicaciones forenses". En *Manual para el estudio de las Ciencias Forenses*. Madrid: 284-305.

GÓMEZ JUNGUITU, A. y GONZÁLEZ MARTÍN, A. (2009): "El limbo de los niños de la Ermita de San Juan y Santa Basilisa (Zalduondo, Álava)". En POLO CERDÁ, M. y GARCÍA PRÓSPER, E. (eds.). *Investigaciones histórico-médicas sobre salud y enfermedad en el pasado*. Valencia: 721-734.

GÓMEZ LAGUNA, A., RODRÍGUEZ, S., PECES, J. y SALIDO, J. (2022): "La arquitectura eclesiástica de la regia sedes visigoda de Toletum. Problemática arqueológica a la luz de las investigaciones más recientes". En J. Salido y R. Gómez (ed.). *Iglesias tardoantiguas en el centro peninsular*. Madrid: 167-216.

GÓMEZ OSUNA, R., GARCÍA ARAGÓN, E., COLMENAREJO, F. y POZUELO, A. (2018): "Enterramientos infantiles altomedievales en La Cabilda: Hoyo de Manzanares, Madrid". En *Territorio, sociedad y poder: Revista de Estudios Medievales*, 13: 22-47.

GÓMEZ OSUNA, R., GARCÍA ARAGÓN, E., POZUELO RUANO, A., COLMENAREJO GARCÍA, F. y FERNÁNDEZ SUÁREZ, R. (2016): "El yacimiento arqueológico de La Cabilda (Hoyo de Manzanares): una aldea del siglo VII d. C. al pie de la Sierra de Guadarrama". En *Cuadernos de Estudios: revista de investigación de la Asociación Cultural "Pico San Pedro"*, 30: 43-65.

GONZÁLEZ FERNÁNDEZ, R. y FERNÁNDEZ MATALLANA, F. (2018): "Mula: el final de una ciudad de la cora del Tudmîr". En *Pyrenae*, 41-42: 81-119.

GONZÁLEZ, A., GÓMEZ, A. y ETXEBERRIA, F. (2006): "Contribución de la osteoarqueología sobre la existencia o inexistencia del Limbo". En *Boletín de la Asociación Española de Paleopatología*, 44: 9-11.

GOZALBES, C. y AYALA, J. A. (1995-1996): "Un tesorillo de monedas del emirato independiente hallado en el Cerro de la Fuensanta (Antequera-Casabermeja-Colmenar. Málaga)" En *Mainake*, 27-28: 235-242.

GUTIÉRREZ LLORET, S., LEFEBVRE, B. y MORET, P. (2017): "La iglesia altomedieval de la Silla del Papa (Tarifa, Cádiz)". En *Lucentum*, 47: 201-214. https://doi.org/10.4000/mcv.7452

HENRION, F. (1997): "L'enfant dans le cimitière paroissal à travers quelques exemples bourguignons". En L. Buchet (ed.), *L'enfant, son corps, son histoire. Actes des VII Journées anthropologiques de Valbonne, juin 1994*. Éditions APDCA, Antibes: 25-34.

HENSON, D. (2009): "Friend or enemy? Community Archaeology in the United Kingdom". En *Treballs d'Arqueologia*, 15: 43-49.

ICOM-CC (2008): "Terminología para definir la conservación del patrimonio cultural tangible". Aprobada en la XVª Conferencia Trianual celebrada en Nueva Delhi el 22-26 de septiembre de 2008. https://www.ge-iic.com/wpcontent/uploads/2008/11/2008_Terminologia_ICOM.pdf [7 de febrero de 2024].

IGLESIAS BEXIGA, J. y GONZÁLEZ MARTÍN, A. (2009):" El limbo de los niños de la Iglesia de San Juan Bautista. Plaza de Ramales (Madrid)". En M. Polo Cerdá, M. y E. García Prósper (eds.), *Investigaciones histórico-médicas sobre salud y enfermedad en el pasado*. Valencia: 727-729.

LABARTA GOMEZ, A. Mª (2017): *Anillos de la Península Ibérica, 711-1611*. Valencia.

LAFUENTE FERNÁNDEZ, D. T. (2017): *La contaminación por COV en museos y exposiciones: Análisis y efectos sobre el patrimonio cultural metálico. Límites y conservación preventiva.* Tesis Doctoral inédita. Universidad Autónoma de Madrid. http://hdl.handle.net/10486/681000

LÓPEZ QUIROGA, J. (2018): "Redimensionando el estudio del mundo funerario tardo-antiguo. Pervivencia y transformación en los ritos y prácticas mortuorias en la Gallaecia de época sueva". En J. López Quiroga (ed.), *In tempore sueborum. El tiempo de los suevos en la Gallaecia (411-585). El primer reino medieval de Occidente.* Diputación provincial de Orense. Orense: 421-438.

MACARRÓN, A. M., CALVO, A. y GIL, R. (2019): *Criterios y normativas en la conservación y restauración del Patrimonio Cultural y Natural.* Editorial Síntesis, Madrid.

MARCOS, A. y VICENT, A. M. (1993): "Los tesorillos de moneda hispano-árabe del Museo Arqueológico de Córdoba". En *III Jarique de Numismática Hispano-Árabe.* Museo Arqueológico Nacional. Madrid: 183-218.

MARTÍN ESCUDERO, F. (2011): *Las Monedas de al-Andalus. De actividad ilustrada a disciplina científica.* Real Academia de la Historia, Madrid.

—(2015): "Tesoros numismáticos. Mucho más que monedas acumuladas. Hallazgos monetarios de los Emiratos Dependiente e Independiente". En J. Lafaurie, y J. Pilet-Lemière (eds.), *Monnaies du Haut Moyen Âge: histoire et archéologie (Péninsule Ibérique-Maghreb, VIIe-XIe siècle).* CNRS, Paris: 173-210.

MCGMSEY, C. R. (1977): *Public Archaeology.* Academic Press Inc, London.

MEDINA, A. (1992): *Monedas hispano-musulmanas: manual de literatura y clasificación.* Instituto Provincial de Investigaciones y Estudios Toledanos, Toledo.

MEDINA SÁNCHEZ, M. (2022): "SECYR: Sistema de gestión de calidad." https://www.uam.es/uam/secyr/sistema-gestion-calidad [7 de febrero de 2024]

MERRIMAN, N. (2004): *Public Archaeology.* Routledge, London.

MORALES MUÑIZ, D.C. (1992): "Pig husbandry in Visigoth Iberia. Fact and Theory". En *Archaeofauna,* 1: 147-155.

MORÍN DE PABLOS, J. y SÁNCHEZ RAMOS, I. M. (2020): *La iglesia visigoda de La Cabilda, Hoyo de Manzanares, Madrid. La cristianización del paisaje en el centro peninsular (ss. IV al VIII d. C.).* Comunidad de Madrid, Madrid.

MUÑOZ VIRGILI, A. (2023): "Orientación cardinal y disposición ritual en las iglesias hispánicas tardoantiguas (siglos IV-VIII): nuevas reflexiones a partir de algunos ejemplos del noreste peninsular". En *Antigüedad y cristianismo: revista de estudios sobre antigüedad tardía,* 40: 65-95.

ORTEGA CERVIGÓN, J. I. (2021): *Madrid, un territorio Medieval.* Comunidad de Madrid, Madrid.

PALOMO DÍEZ, S. y LÓPEZ PARRA, A. M. (2022): "Utility and applications of lineage markers: Mitochondrial DNA and Y Chromosome". En H. R Dash, P. Shrivastava y J.A Lorente (eds), *Handbook of DNA profiling,* Springer, Singapur: 423-451.

PALOMO DÍEZ, S., ESPARZA ARROYO, A., TIRADO VIZCAÍNO, M., VELASCO VÁZQUEZ, J., LÓPEZ PARRA, A. M., GOMES, C., BAEZA RICHER, C. y ARROYO PARDO, E. (2018): *"Kinship analysis and allelic dropout: a forensic approach on an archaeological case".* En *Annals of Human Biology,* 45: 365-368.

PALOMO DÍEZ, S., GOMES, C., FONDEVILA, M. S., ESPARZA ARROYO, A., LÓPEZ PARRA, A. M., LAREU, M. V., ARROYO PARDO, E. y PASTOR, J. F. (2023): *"Genetics Unveil the Genealogical Ancestry and Physical Appearance of an Unknown Historical Figure: Lady Leonor of Castile (Spain) (1256-1275)".* En Genealogy, 7: 28. https://doi.org/ 10.3390/genealogy7020028.

PARDO NARANJO, A. I., MEDINA SÁNCHEZ, M. C., y BLANCO DOMÍNGUEZ, M. M. (2022): "Los criterios de intervención y el análisis científico en la restauración de un conjunto de monedas de plata emirales del yacimiento arqueológico la Ermita del Sacedal, en El Rebollar de El Boalo (Madrid)". En J. Barrio Martín y M. Buendía Ortuño (eds.), *MetalEspaña 2020/2021, III congreso de conservación y restauración del patrimonio metálico, Anejos a CuPAUM*, 6. Madrid: 159-166.

PEDERSOLI Jr J.L., ANTOMARCHI, C. y MICHALSKI, S. (2016): *Guía de Gestión de Riesgos para el Patrimonio Museológico*. ICCROM e Instituto Canadiense de Conservación (CCI), Roma-Ottawa.

PEÑA ROMO, V. (2013): "Infancia y espacio funerario: el cementerio parroquial medieval y moderno de San Andrés en Madrid". En A. Malgosa Morera, A. Isidro, P. Ibáñez Gimeno y G. Prats Muñoz (coords.), *Vetera corpora morbo afflicta, Actas del XI Congreso Nacional de Paleopatología*: 507-526.

PEÑA, S. y VEGA, M. (2007): "La amonedación canónica del emirato omeya andalusí antes de Abd al-Rahman II, según el hallazgo de dírhams de Villaviciosa (Córdoba)". En *Al-Andalus-Magreb: Estudios Árabes e Islámicos*, 14: 149-202.

PERAL PACHECO, D., MARTÍN ALVARADO, M. A. y SÁNCHEZ SÁNCHEZ, J. A. (2013): "El Limbo de Aceuchal: estudio de una colección de fetos y recién nacidos (causas de mortalidad en los siglos XIX y XX)". En A. Malgosa Morera, A. Isidro, P. Ibáñez Gimeno y G. Prats Muñoz (coords.), *Vetera corpora morbo afflicta: Actas del XI Congreso Nacional de Paleopatología*: 527-548.

POZUELO RUANO, A., GÓMEZ OSUNA, R., ROVIRA DUQUE, C., FERNÁNDEZ SUÁREZ, R., JIMÉNEZ GUIJARRO, J. y COLMENAREJO GARCÍA, F. (2013): "Estudio de las tejas de las cubiertas de los edificios 1 y 3 del yacimiento arqueológico de Navalahija, Colmenar Viejo, Madrid". En *Cuaderno de Estudios*, 27: 199-222.

RASCÓN, J. (2017): *Análisis de las diferencias sexuales en la morfología del esqueleto y de la distribución de caracteres de interés relacionados con el sexo*. Tesis doctoral. Universidad Autónoma de Madrid: Madrid.

RIPOLL LÓPEZ, G. (2004): "Los tejidos en la arquitectura de la antigüedad tardía: una primera aproximación a su uso y función". En *Antiquité tardive:*

revue internationale d'histoire et d'archéologie, 12: 169-182.

ROBLES, F. J. (1997): *Características biológicas de la población hispanomusulmana de San Nicolás (Murcia, s. XI-XIII). Estudio de los huesos largos*. Tesis Doctoral. Universidad Autónoma de Madrid: Madrid.

SAN MIGUEL GRANDAL, D. (2023): *El conocimiento de las poblaciones del pasado a través de los restos óseos: estudio de la artrosis en los restos humanos recuperados de la iglesia medieval de El Rebollar (El Boalo, Madrid)*. Trabajo de fin de grado (inédito). Grado en Biología. Universidad Autónoma de Madrid: Madrid.

SANGUINO VÁZQUEZ, J., OÑATE BAZTÁN, P. y JUAN TOVAR, L. C. (2011): "Una excepcional ocultación en el yacimiento de Camino de Santa Juana, en Cubas de la Sagra (Madrid)". En *Actas de las octavas jornadas de Patrimonio Arqueológico en la Comunidad de Madrid*. Madrid: 127-138.

SASTRE DE DIEGO, I. (2013): *Los altares de las iglesias hispanas tardoantiguas y altomedievales. Estudio arqueológico*. British Archaeological Reports Oxford Ltd, Oxford.

SEGOVIA, R. y VELÁZQUEZ, A. (2011): "Un inédito tesorillo de moneda emiral independiente hallado en el Teatro Romano de Mérida". En *Actas XIV Congreso Nacional de Numismática: Ars metallica, monedas y medallas*. Museo Casa de la Moneda, Madrid: 795-816.

SELWYN, L. (2004): *Metals and corrosion: a handbook for the conservation professional*. Canadian Conservation Institute, Ottawa.

SIMPSON, F. (2009): "Evaluating the value of community archaeology: the XArch Project". En *Treballs d'Arqueologia*, 15: 51-62.

VAQUERIZO GIL, D. (2017): "Arqueología Pública o el uso social del Patrimonio". En *Revista Otarq*, 2: 251-284.

VASSILIOU, P. y GOUDA, V. (2013). "Ancient silver artefacts: corrosion processes and preservation strategies". En P. Dillmann, D. Watkinson, E. Angelini y A. Adriaens (eds.), *Corrosion and conservation of cultural heritage metallic artefacts. Woodhead Publishing in Materiales.* Oxford, Cambridge, Philadelphia y New Delhi: 213-235.

VIGIL ESCALERA, A. (2009): "Sepulturas, huertos y radiocarbono (siglos VIII-XIII d. C.). El proceso de islamización en el medio rural del centro peninsular y otras cuestiones". En *Studia Historica. Historia Medieval*, 27: 97-118.

VILLA, A. (2020): *Cancel de coro visigodo. Música para la antigua liturgia hispana, Madrid.*

VIÑAS, V. (1967): *Prospección realizada en "Peña Sacra", término de El Boalo, provincia de Madrid.* Informe inédito depositado en 1967 en la Escuela de Formación Profesional de Restauración del Casón del Buen Retiro, Madrid.

VIVES Y ESCUDERO, A. (1893): *Monedas de las dinastías arábigo-españolas.* Fundación Fomento Estudios Numismáticos, Madrid.

VIVES, J. (1963): *Concilios visigóticos e hispanorromanos.* Consejo Superior de Investigaciones Científicas. Instituto Enrique Flórez, Barcelona.

WARD, P. (1986): *La conservación del patrimonio: carrera contra reloj.* The Getty Conservation Institute, California.